保安行业职业技能等级培训教程

保安员

（中级）

北京市公安局　　　　　　　　　　组织编写
北京市人力资源和社会保障局

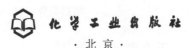

·北京·

图书在版编目（CIP）数据

保安员（中级）/ 北京市公安局，北京市人力资源和社会保障局组织编写 . —北京：化学工业出版社，2017.5（2024.11重印）
（保安行业职业技能等级培训教程）
ISBN 978-7-122-29395-4

Ⅰ. ①保⋯　Ⅱ. ①北⋯ ②北⋯　Ⅲ. ①保安人员-中国-技术培训-教材　Ⅳ. ①D631.3

中国版本图书馆 CIP 数据核字（2017）第 065426 号

责任编辑：卢小林　　　　　　　　　　装帧设计：王晓宇
责任校对：边　涛

出版发行：化学工业出版社（北京市东城区青年湖南街13号　邮政编码100011）
印　　装：北京科印技术咨询服务有限公司数码印刷分部
787mm×1092mm　1/16　印张10¼　字数248千字　2024年11月北京第1版第7次印刷

购书咨询：010-64518888　　　　　　　　售后服务：010-64518899
网　　址：http://www.cip.com.cn
凡购买本书，如有缺损质量问题，本社销售中心负责调换。

定　价：38.00元　　　　　　　　　　　　　　　　　　　版权所有　违者必究

保安行业职业技能等级培训教程编审委员会

主　　　任：孙连辉　李淑萍
执行副主任：王　毅　郭　欣
主　　　审：闫武军　王文柱　刘锦芳
执 行 编 委：张宏杰　李京海　裴　岩　吴巧荣

本书编审人员

主　　编：杜顺清
编写人员：李　红　朱　兵　范　煜　沈自全　者美杰
　　　　　张长旗　王洪伟　段永辉　王景坤　费　明
　　　　　汪　捷　孙　君　王新峰　韦学超
主　　审：张宏杰　李京海

前言
Foreword

为了规范保安员管理、教育、培训、鉴定考核，全面提升保安队伍的整体素质，推进保安队伍正规化、职业化建设，在公安部治安局指导下，北京市公安局、北京市人力资源和社会保障局依据《保安服务管理条例》、《保安员国家职业技能标准（2014年修订）》（以下简称《标准》）、《保安服务操作规程与质量控制》以及《保安员培训教学大纲》，组织编写"保安行业职业技能等级培训教程"，作为保安员职业技能培训和保安员国家职业资格鉴定考核的教学用书。

本套教程具有以下特点：

第一，适用性强。本套教程在充分考虑经济社会发展、科技进步和产业结构变化对保安职业影响的基础上，客观反映了现阶段保安职业水平，遵循保安员认知规律，对保安职业的活动范围、工作内容、技能要求和知识水平进行了较为系统的阐述，力求做到由浅入深、循序渐进，符合保安员培训、保安员国家职业资格鉴定和从事保安服务工作的需要，体现了以保安职业活动为导向、以保安职业技能为核心的特点。

第二，系统性强。鉴于《标准》将保安员职业资格分为初级保安员、中级保安员、高级保安员、保安管理师、高级保安管理师五个等级，"保安行业职业技能等级培训教程"相应地以《保安员（初级）》、《保安员（中级）》、《保安员（高级）》、《保安管理师》和《高级保安管理师》5本教材相匹配。考虑到《标准》在职业道德、基础理论知识、专业基础知识和相关法律法规知识方面规定了共同的基本要求，以《保安员（通用基础知识）》作为五个等级职业资格培训和鉴定考核的通用模块教学用书。

第三，实用性强。本套教程在内容选择上依托五个级别的职业功能，围绕守护、巡逻、安全检查、武装守押、随身护卫、安全技术防范、安全风险评估等保安勤务在技能要求、相关知识要求、具体操作规程及服务质量和鉴定考核细目等内容进行编写，便于学员掌握全面、规范、易于操作的职业知识和技能。

本套教程的编写得到了北京市公安局、北京市人力资源和社会保障局等单位有关领导的高度重视，组织北京市公安局治安管理总队、北京市公安局反恐怖和特警总队、中国人民公安大学、华安保安职业技能培训学校、伟之杰保安服务股份有限公司、蓝盾世安职业技能培训学校、振远护卫职业技能培训学校等单位共同参与了编写工作。此外，在编写过程中，郭太生、韩锦坤、杨春、范万岗、杜治国、李先喜等专家提出了许多富有建设性的真知灼见，并给予了悉心指导。在此，我们一并表示真挚的感谢！

《保安员（中级）》是"保安行业职业技能等级培训教程"之一。本书作为中级保安员职业资格培训和职业资格鉴定考核的教学用书，坚持以职业活动为导向、以职业能力为核心，突出对职业培训和资格认证的适用性。

本书结合《保安服务管理条例》、《保安员国家职业技能标准（2014年修订）》、《保安服务操作规程与质量控制》以及《保安员培训教学大纲（修订版）》对中级保安员的要求，围绕中级保安员必须掌握的相关知识、业务技能要求、基本体能等方面内容，解析保安服务工作中容易遇到的难题和容易出现的失误，力求通过对基本知识的阐述，使学员掌握基础理论；通过对基本技能操作指导，提高学员动手能力。同时，本书从现阶段保安员实际情况出发，遵循中级保安员认知规律，力求做到循序渐进、由浅入深、深入浅出、简明扼要，注重与中级保安员国家职业资格考试要求相吻合。

本书各章节的具体撰写分工为：李红、朱兵负责撰写第一章，范煜、张长旗、王洪伟负责撰写第二章，者美杰、段永辉、王景坤、费明负责撰写第三章；汪捷、孙君、王新峰负责撰写第四章，沈自全、杜顺清、韦学超也参与了教材编写工作。同时，我们还参阅和借鉴了一些相关的教材和文献资料。在此我们一并表示诚挚的谢意！

由于水平有限，书中不妥之处，希望广大读者批评指正。

编者

目 录
CONTENTS

第一章 场地安检 /001

第一节 场地安检概述 001
第二节 场地安检任务准备 003
 学习单元 1 不同任务及场所的先期信息收集 003
 学习单元 2 场地安检所需器材和器材配置标准 005
第三节 场地安检任务实施 008
 学习单元 1 识别不同场所内存在安全隐患的物品和装置 008
 学习单元 2 处置存在安全隐患的物品及装置 013
本章思考题 014

第二章 武装守押 /015

第一节 武装押运 015
 学习单元 1 武装押运过程实施警戒和护卫 015
 学习单元 2 押运物品交接手续 026
 学习单元 3 车载技防设备安全防范 030
 学习单元 4 武装押运勤务中的突发事件处置 033
第二节 武装守护 037
 学习单元 1 武装守护对象警戒 037
 学习单元 2 辨识和排除武装守护中的安全隐患 041
 学习单元 3 武装守护中的突发事件处置 044
本章思考题 048

第三章 随身护卫 /049

第一节 任务准备 049
 学习单元 1 随身护卫任务相关信息的采集 049
 学习单元 2 随身护卫过程中存在安全隐患的辨识 055
第二节 任务执行 058
 学习单元 1 徒手或使用器具对服务对象进行护卫 058
 学习单元 2 随身护卫勤务中常见突发情况的处置 077

第三节　任务总结　080
本章思考题　082

第四章　安全技术防范 ／084

第一节　设备操作　084
　学习单元 1　操作系统终端设备布防、撤防　084
　学习单元 2　系统视频、音频及报警信息的提取、调阅和存储操作　100
第二节　报警初判　109
　学习单元 1　判别各种报警信息的类型　109
　学习单元 2　初步研判报警的缘由、位置、紧急与重要程度　113
　学习单元 3　报警信息复核、报告与记录　118
第三节　维护保养　121
　学习单元 1　设备故障初步判断　121
　学习单元 2　硬件设备日常保养　127
本章思考题　136

附录　枪支管理与维护保养 ／137

思考题参考答案 ／144

参考文献　／156

第一章 场地安检

第一节 场地安检概述

学习目标

（1）理解场地安检的概念；
（2）了解场地安检的分类；
（3）掌握场地安检的方法。

一、场地安检的概念

场地安检就是以防止特定场地内发生爆炸事件为主要目标而进行的，以保证安全为目的的检查。场地安检是防爆安全检查工作的重要组成部分，应用最为广泛。其中，"场地"是检查的对象；"防爆"是其核心内容；"安全"是要达到的目的；"检查"是手段和过程。

此处所说的特定场地，可以是举办重大活动所用场地或具有某种特殊意义、特殊作用活动的场地，也可是举办群众性活动、人员密集的特殊场所。例如，举办国际体育赛事或文化活动的体育场、体育馆，举办演唱会、展览展销会等的剧场、展馆，机场、铁路、车站等公共交通场所，以及公共展览的博物馆、公共娱乐的歌厅、迪厅等。

相关链接

根据中华人民共和国国务院于 2007 年 8 月 29 日颁布、10 月 1 日开始实施的《大型群众性活动安全管理条例》，大型群众性活动的承办者对其承办活动的安全负责，大型群众性活动的场所管理者要保障活动场所、设施符合国家安全标准和安全规定。为确保活动场所安全，在活动开始前，活动承办者和场所的安保部门一般会要求提供保安服务的保安员配合开展对活动涉及场地、设施的安全检查，清查是否存在有毒有害易燃易爆物品、枪支弹药和管制器具等危险品。这种检查通常是以直观检查为主要手段。随着国际范围内恐怖活动和个人极端行为的日益活跃，在街头、影剧院等场所发生的爆炸袭击事件越来越频繁地见诸报端，很多剧院、展馆等公共场所开始自发地组织保安员开展包括日常场地清查在内的安全工作。因而，通过系统学习和训练，提高保安员对场地安检相关知识和能力的掌握水平变得具有现实意义。

二、场地安检分类

场地安检按检查场所类型可分为以下两类。

（1）室外安检

广场、庭院等特定场所，检查目标包括土壤或硬质地面，树木、灯杆、花丛、垃圾桶等地面物；雨箅子、井口等地下部分。

（2）室内安检

展厅、会议室、办公室等特定区域，检查目标包括房间内的摆放家具、电器、通风管口，卫生间内的管道、洁具等。

三、场地安检的方法

场地安检时使用的方法有直观检查法、器材检查法、动物检查法等，即人、器材、动物相结合检查，相互验证。应该做到有顺序地、无一遗漏地检查，宁可交叉重复，不能留有死角。在检查中应实行责任制，定岗定责、定人、定器材。

（1）直观检查法

直观检查法也叫感官检查法，是指安检人员不借助任何防爆安检专用器材设备，只凭个人生理感官和经验来搜寻检查目标。具体地说有眼看、手摸、耳听、鼻嗅、掂量（手掂）五个方法。

① 眼看。就是由表及里、由近而远、由上到下无一遗漏地用观察的方法来判断、识别可疑物品，查找可疑部位有无暗藏的爆炸装置。如检查室内摆放的日用品和食品有无可疑征兆或挖补、改动痕迹；箱包外观是否有可疑的油迹渗出；观察场院的地面有无新挖过的痕迹；地面草皮有无新翻动的痕迹；会议室的沙发垫有无新拆过的痕迹；电器设备上有无多余电线连接；客房的床铺有无凹凸不平等异常情况。

② 手摸。对检查过程中发现的箱包、衣物等可疑物品，通过手的触摸来判断其硬度、质感等是否异常，以便发现爆炸可疑物。除直接使用手触摸外，还可以借助探针或类似的棍棒状工具作为手臂的延伸来间接感觉。如对体育场坐席区上万个座椅进行安检时，安检员使用探针扫摸座椅底部，感觉是否藏匿有异物。

③ 耳听。对被检查的物品或器材，仔细倾听有无机械走动或其他异常声响，从而发现内部隐藏的机械定时装置等可能被用于构成爆炸装置的部件。

④ 鼻嗅。嗅其味道是否与相应的物品相同，辨别是否存在异常气味。多数炸药都有特殊的刺激性气味，如黑火药有臭鸡蛋味儿，自制硝铵炸药有强烈的氨水味儿等。除此之外，酒精、汽油、各种强酸腐蚀性液体也都具有各自特殊的气味。在检查过程中，对封闭的箱包、瓶装液体等，都可以通过嗅闻其外部是否有可疑气味泄散来发现可疑之处。

⑤ 掂量。对于定量包装的物品，可以通过手的掂重，或使用仪器进行称量，判断重量是否与标示重量相符，或者同样物品之间存在重量差异。因为大多数炸药的密度与其他定量包装物品的密度不一样，如在听装罐头、罐装饮料、袋装食品、保温瓶等生活物品中藏匿爆炸装置，通常会导致其重量变化，安检员即可以通过这种方式来发现可疑点。

（2）器材检查法

器材检查法也叫技术检查法，是指安检人员借助一定安检专用设备，既凭感官视觉和触觉，又凭专业器材的提示，运用掌握的爆炸物知识对检查目标进行搜索。场地安检中可能涉及的器材包括各式检查镜、探针、手持金属探测器、探雷器、便携式X光机、炸药探测器及辅助照明器材等众多种类。在大型活动及社会场所的场地安检中，光学式检查镜、探针和手电等简易器材因其适用性强、器材成本低、使用维护简单而被广泛采用。

（3）动物检查法

实验和实践证明，有些动物对炸药有特殊的反应，据此可专门驯养"嗅炸药"的动物，为安检服务。可用来检查爆炸物的动物种类很多，其中搜爆犬最为常见，经过专门搜爆训练的工作犬，可以嗅出密封在包裹里的炸药。同时由于犬的机动性好，可以深入到人和仪器都难以进入或不宜进入的目标区域内去检查。目前搜爆犬已在北京的铁路车站、重要地铁等轨交车站广泛使用，部分保安服务企业也在承接带犬执勤工作。今后重要大型活动也可能将搜爆犬用于活动前的场地检查工作。使用搜爆犬搜索炸药时要注意，犬的疲劳状态、兴奋期以及体力消耗、气候环境等诸多因素都会影响其检查的准确性。

第二节　场地安检任务准备

学习单元1　不同任务及场所的先期信息收集

学习目标

（1）掌握识别安全隐患的基本常识；
（2）掌握场地安检基本信息采集规范；
（3）能够正确、熟练地对不同任务及场所进行先期信息收集。

知识要求

一、识别安全隐患的基本常识

1. 安全隐患的含义

安全隐患是随着各单位活动过程的进行而出现的不易被人发现的一种潜在危险，是由导致问题发生的两个最主要的因素——物质危险因素与管理缺陷因素同时存在的一种不安全状态。任何性质的事故、事件、案件，一般都要经历潜伏期、爆发期和衰败期三个过程。处于潜伏期的事故、事件和案件通常叫做安全隐患。就保安业务来说，最常见的安全隐患就包括破坏事故隐患，即事故行为人出于某种动机或者为了达到某种目的而故意破坏公共设施、生产设备，或以其他方式破坏社会活动和生产、科研或其他业务活动的正常进行，或以特定的危险方式危害安全，使国家、集体和个人的生命财产受到损失的事故。

2. 识别爆炸安全隐患的一般方法

爆炸是刑事犯罪分子、极端行为人和恐怖组织经常采用的一种破坏方式。在重大活动现场,为防止犯罪分子事前潜入现场埋设、藏匿爆炸装置,保安人员要协助排爆警,针对现场不同情况细致查找并排除爆炸安全隐患。

(1) 室内安检

由于室内空间相对狭小,犯罪分子使用装药量较小的爆炸物或者裸药(没有金属外壳、不添加增大杀伤力的材料)也能获得较大的破坏杀伤效果,体积较小的爆炸装置就可以利用各种电器(如空调室内机、空气净化器)、摆放家具(如橱柜抽屉内和床垫椅垫中)、装饰物(如壁画和展板后、摆花的花盆花篮中)、通风设施(通风口内侧或通风道顶部)等室内物品进行隐蔽。因此在室内安检过程中,一是要使用各种手段,观察室内所有隐蔽角落、隐藏空间,检查发现可疑物品,二是要对各种摆放物品进行直观检查和使用性测试,对不能正常运行的要采取进一步检查措施,确认是否有藏匿危爆物品的安全隐患。

(2) 室外安检

因室外活动场所人员相对密度较小、爆炸冲击波容易泄散降低伤害,犯罪分子通常会将装药量较大的爆炸装置预先埋藏在地下或排水沟中,或者将能产生较多金属碎片的爆炸物悬挂藏匿在树冠内、灯杆上或金属垃圾箱内,获得足够的破坏效果。因此,在室外安检过程中,除了要对地上物进行细致检查外,主要是观察地面上是否有新修补痕迹(如水泥砖块、土壤的翻动痕迹,草坪的缺损等),除与属地单位保卫部门核实情况外,还要对异常部位进行探扎和必要的挖掘,确认是否埋藏有爆炸可疑物。

二、 场地安检基本信息采集规范

① 在安全检查之前,场地安检指挥员要通过现场探勘、查阅活动现场平面图、参加安保工作对接会等方式,详细了解活动场所环境和活动内容,做到"一知"、"一预":即知道场所内部和外部的结构及其环境特点;预防犯罪嫌疑人可能攻击的部位。

② 掌握检查范围、面积大小,确定水、电、汽、热、通讯机房等专业设施位置及使用单位。

③ 在此基础上,绘制检查区域平面示意图,对重点、复杂部位还可以进行拍照,明确检查范围和检查重点,为检查计划的制定提供科学详实的依据。

技能要求

一、 工作名称

不同任务及场所的先期信息收集。

二、 工作准备

(1) 明确信息收集的对象。
(2) 灵活掌握运用信息收集的方法与技巧。
(3) 准备好信息收集所需要的人员和技术装备。
(4) 强调保密纪律,注意信息的安全保密工作,防止采集信息的泄露。

三、工作程序

（1）确定目标

通过情况介绍和现场踏勘的形式，确认场地安检范围并使用文字方式明确表述，绘制简单示意图。

（2）确定重点

根据活动内容方式、参与人员情况和场所具体情况，划定场地安检重点区域。

（3）制定详细计划

制定详细的安检计划，其中包括划分各个安检单位的检查目标和范围，测算各区域需要投入的安检人员数量和配备的安检器材类型数量，估算各区域检查需要的时间等详细内容。

学习单元2　场地安检所需器材和器材配置标准

学习目标

（1）掌握场地安检器材性能基本知识；

（2）能够根据不同任务和场所的安检需求，准备所需器材类型。

知识要求

一、知识名称

场地安检器材性能基本知识。

二、基本知识

如本章第一节所述，场地安检所涉及的内容较多，以下仅就常用器材和具有代表性的器材进行介绍，以便使保安员了解其基本用途和使用方法。

1. 检查镜

对于桌椅柜底、车底盘、暖气缝隙等低矮狭窄部位，以及柜顶、展板上沿等位于高处的部位，由于人手不易触摸，肉眼不能直视观察，需要使用能够实现光线传导功能的观察类设备辅助进行观察检查。检查镜（见图1-1）既可以是利用镜面反射原理的伸缩臂光学检查镜，也可以是利用数字摄像头配合袖珍液晶显示器的数字化检查镜，还可以利用光纤原理的软管窥镜等。

镜面式光学检查镜由于结构简单成本低、维护保养简单，使用最为广泛。场地安检时，在对建筑物高处或低矮边角进行检查时，使用伸缩臂检查镜或折叠检查镜，可以降低检查劳动强度、提高检

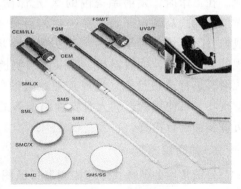

图1-1　检查镜

速度。检查镜一般自带照明光源，如手电、照射灯等，以方便对黑暗角落的检查。

在操作镜面式光学检查镜时，首先要根据被检查部位与检查人员站立位置的距离调节检查镜至适当臂长，而后调节镜面后的万向节使镜面与镜臂成适当角度，如被检查部位光照不足可以开启检查镜自带光源，将检查镜探至被检部位通过镜面反光观察。因检查镜面多为水银玻璃，使用时要注意避免磕碰，保持镜面清洁，避免长时间水浸，沾水后要尽快擦干。检查镜伸缩臂强度较低，不能用于敲击被检物。

2. 探针

探针是用于对土壤地面进行检查时探扎可疑部位，感知地下可能埋藏异物的检查器材。探针由套筒、探针体和锁止旋钮三部分组成。使用时，先将锁止旋钮逆时针旋松，使探针体滑落探出套筒，而后将锁止旋钮旋紧锁死探针体。当通过目视观察发现土壤松动、草坪有新翻动痕迹，或者使用扫雷器对某块区域发出报警，怀疑地下埋藏有可疑金属物品时，在该区域内使用探针竖直向下逐点探扎，通过触觉判断地下埋藏物的深度，大致形状和硬度。在使用探针探扎时不可用力过大，以避免触发压发类爆炸装置；不可使用探针撬挖，对于探扎后认为地下物品可疑需要挖掘时，应当使用工兵铲等工具挖掘。在探扎使用完毕后应清洗探针体，擦拭干净后再收回套筒内。

3. 探雷器

探雷器也称探扫雷器（见图1-2），一般由探头、报警系统和电池等组成，主要用于对大范围土壤地面的安检。其工作原理是利用探头内的通电金属线圈形成稳定的电磁场，探头接近被检场地表面平行移动时，如遇地下埋藏的金属（如废弃钢筋、金属管道等），就会影响电磁场的平衡而产生报警。探雷器的探测距离视金属体积大小而异，一般探测深度子弹为10厘米、炮弹大于50厘米。目前世界先进的扫雷器不仅能探测金属，同时也能探测塑料地雷、陶制管道等埋在地下的突出异物，有的探测器还能将部分深入水中工作，报警方式上也从单纯信号报警，发展成仪表、数字形式报警，大大方便了使用。

图1-2 探雷器

4. 便携式X光机

便携式X光机（见图1-3）是基于X射线原理成像的、可达到透视目的的小型化X光机，主要由X射线发射系统、成像显示系统和受检平台组成。在工作时，发射系统内的X光管在高压电场作用下，发射脉冲式高速电子流，穿透物体后被采集器接受，经过成像显示系统处理呈现为可视影像。在场地安检中，对发现的可疑箱包、生活器具，可以使用便携式X射线检查系统对其进行透视检查，发现其中藏匿的危险品。在大型活动现场也可使用就近的人身安检岗配备的通道式X光机对可疑物品进行检查。

图1-3 便携式X光机

5. 炸药探测器

目前常用的便携式炸药探测器（见图1-4）基于离子迁

移谱技术，通过擦拭采样或抽气采样方式，检查物体表面是否有残留的微量炸药痕迹。此类型探测器主要由真空收集系统、加热系统、离子俘获系统和处理系统组成，是通过加热对比检测发现炸药微粒的。使用时，设备用真空收集系统在被检物表面吸附，经加热系统加热后，炸药分子进入到离子俘获系统，此时各不相同的炸药离子被俘获系统分别俘获，在处理系统中被定性分析出来，由于各种物质（包括炸药）的离子各不相同，所以这类探测器误报率很小。

图 1-4　炸药探测器

技能要求

一、工作名称

根据不同任务及场所的安检需求，准备所需器材类型。

二、工作准备

1. 计划准备

（1）检查计划

检查计划包括划分各个安检单位的检查目标和范围；确定参加安检的各单位的人数、使用的器材和进行检查的时间等详细内容。情况复杂的可按照"一图一表一方案"的标准，在一般文字表述的基础上，配以责任区分工图和措施，推进时间节点流程表加以细化明确。

（2）应急处置计划

对于在检查过程中发现的外观或气味疑似危爆物品，在经过属地保卫部门认定来源不明、存在危险后，不要随意拆解翻动，应当迅速报告公安机关派遣专业处置组前来处置。在处置组到场前，指挥员应组织保安员对现场采取先期封闭措施，控制出入口并设置警戒线，疏散现场无关人员，尤其要注意保证处置组进入通道的畅通，在入口处派遣引导人员，保证处置组顺利进入开展工作。制定应急处置计划就是要将这一基本流程中涉及的人员任务分工、通讯联络方式、应急通道设置等一系列内容加以明确固化，确保在情况发生时保卫部门、场地安检人员明晰职责，配合公安机关做好处置工作。

2. 人力规划

遵循最低力量配备原则，场地安检一般按照小组为单位进行部署。一般室内安检小组为 5 人、室外绿地安检小组为 3 人、室外硬质地面小组为 2 人。

根据现场所需检查面积、可用于检查的时间等要素，按照如下场地安检进度标准推算所需的场地安检小组及对应的安检保安员数量。

（1）室外绿地 1500 平方米/小组，空旷硬质地面广场 5 万平方米/小组。

（2）室内平均为 1000 平方米/小组，其中会议室、演出坐席区为 2000 平方米/小组，服务保障和办公用房为 800 平方米/小组，设施设备间为 400 平方米/小组。

例如：按照某场演唱会流程安排，在彩排结束后、观众入场前的 1 小时时间内，需要对面积为 22000 平方米的坐席区进行检查，则所需的安检小组数量为 22000÷2000＝11 个，安检保安员数量为 55 人。

3. 器材规划

根据投入安检小组数量，按照如下单位器材配置标准依次递增：

① 室内每个最小作战单元器材配备：手电 4 个、检查镜 1 件；

② 室外绿地每个最小作战单元配备：手电 2 个、探针 1 把；

③ 室外硬质地面每个最小作战单元配备：手电 1 个、探针 1 把、检查镜 1 件。

三、工作流程

在人力规划、器材规划的基础上，根据场地防爆安检涉及各细分区域的位置关系、场所特点，选择顺序检查法、分片包干检查法或重点检查法确定检查流程，明确各个检查小组负责的检查区域，合理配置安检人员。

（1）顺序检查法适用于地域宽阔、情况不复杂的场地。实施时根据目标确定人数，从远到近（或从近到远）、从上到下（或从下到上）、从左到右（或从右到左）顺序推进。如对广场、足球场草坪等空旷场所检查时，可采用多个安检小组平行展开，同步向前推进检查的方式；对体育馆看台上万个座椅检查时，可采用从上到下逐个座椅翻看的方法等。

（2）分片包干检查法适用于空间分割情况复杂，相互之间较为独立分散的目标。实施时根据目标确定人数，分组分片，定人定位，责任到人。如在对国家体育场、工人体育场等大型建筑物地下空间进行检查时，环廊两侧分布着大量化妆间、工作间、仓库等独立房间，如果将所有安检小组按照同一起点平行推进检查，极易造成重复检查、效率降低、责任不清，此时就需要在前期细致探勘、绘制责任分区图、明确各组负责检查房间编号的基础上，将各个安检小组分散至不同点位，按照责任区域同步开展工作。

（3）重点检查法适用于活动风险等级低、地域大的情况。根据活动方案和现场特点，从中选取最为重要的区域，如舞台区、主宾坐席区等犯罪分子可能攻击的重点目标进行检查。

安检实践中，这三种方式互相包容、互为补充。对于一个大型活动场所，常常要组织精干人员选择重要部位进行检查；同时又要根据检查目标的内部情况和使用安检器材的不同，分组分片进行检查；在每组当中，又常常使用顺序检查方式，无一遗漏地检查。在制定场地安检工作流程时，也可以根据活动涉及区域的不同特点，规定相应负责的场地安检小组采取不同的检查方法。

第三节　场地安检任务实施

学习单元 1　识别不同场所内存在安全隐患的物品和装置

学习目标

（1）掌握识别不同场所安全隐患的基本常识；

（2）能够正确、熟练地识别不同场所内存在安全隐患的物品及装置。

知识要求

一、知识名称

识别不同场所安全隐患的基本知识。

二、基本知识

1. 室内检查

（1）小组分工

室内安检对多个独立房间时，一般以五人小组为单位独立开展检查。一般1号安检员为组长，除负责登记记录外，使用检查镜对室内顶棚及"高目标"进行检查。

2~5号安检员使用手电，对室内其他区域实施以直观检查为主、使用性测试为辅的检查。为明确分工，一般安排2号检查门窗、墙面及墙面悬挂物，3号检查电器、管道、卫生间，4号、5号检查室内摆放物品和家具，如图1-5所示。

图1-5 室内摆放物品和家具

（2）检查方法

对照明设备如桌灯、床头灯、落地灯等，检查时先观察其外观，再观察其内部，最后作使用性检查（见图1-6）。

室内电器如电视、冰箱、电源、电话、室内所有开关，检查时应遵循先查外观再查内部，最后作使用性检查的原则，看有无被拆动、改动或改装的痕迹。

检查卫生间时，对包括各种卫生洁具、淋浴设备、洗漱设备在内的设备要进行使用性测试；检查下水道要注意看接口处是否松动或被拆动过。

徒手对室内衣柜及内部物品检查时，对衣服采取拍、摸、捏的方式进行检查；通过手摸、直接观察的方法对室内所有抽屉及内部物品进行检查，注意检查完毕后将其复原。

图1-6 室内设备使用性检查

检查家具，包括桌子、沙发、床等，要注意检查底部是否藏有异物；查看窗户和窗帘是否连有悬挂物。

2. 室外检查

（1）对地面的检查

土质地面相对比较容易检查，主要观察有无松土或异物，对新翻动过的区域要重点检查。检查柏油地面应注意有无异常破损和新挖补的部分。石材砌过的地面则观察地砖是否松动，砖缝间的填土新旧程度是否有差异，松动的砖石是否高出周围地面；地毯覆盖的地面检查时，应注意有无凹凸处和裁开后缝补的痕迹。总之，检查地面是以地毯式直观检查为主要方式进行的，发现可疑后不能轻举妄动，根据地面材质应用扫雷器或探针进一步确认。

（2）对地上植被的检查

地上植被是指直接生长于地面的花、草、树、农作物等。使用扫雷器检查草坪，面积较小时可采取分片包干的方法，面积较大时应采取拉网式的方法。灌木类枝叶繁茂，检查时应使用探针将树枝拨开，用金属探测器检查有无金属报警，然后使用手电等照明工具对枝叶遮挡的根部附近进行细致观察。

（3）地面上长期固定物的检查

包括房屋、亭子、桥梁、隧道、灯杆、电话亭、假山等，特别是孔洞多，易隐藏物品之处，应使用手电、检查镜并借助警犬逐个查看。

（4）地面上临时放置物的检查

地面上的临时放置物，如花盆、花篮、彩车，临时搭建的舞台、主席台，应使用扫雷器、手探、探针结合警犬进行检查。

室外场地安检工作应根据目标地域的大小和复杂情况，按照"地面异常全查明、草坪凸起全掀开、灌木丛中全探到、树上悬挂全捋清、垃圾桶内全见底、附属设施全探查、场内水域全潜到"的"七全"原则开展工作，确保不留死角、绝无遗漏。

3. 重点部位

（1）室外场所应检查的部位

广场、庭院需要检查的部位很广，如花坛、草地、假山、树林、灌木丛、通道等，均属于检查的范围。实施检查时根据工作范围确定参加检查的人数，分片分组，按所辖责任地段，有组织的搜索。其中重点部位通常包括：

① 垃圾桶、果皮箱等可以移动而且看来又有可利用价值的物品；

② 翻动过的地面、修补过的墙壁以及临时堆积的物品；

③ 树上、电线杆上悬挂的物品；

④ 灯杆底座、下水道等公共设施。

（2）堂、馆等室内场所应检查的部位

对礼堂、会议室、体育馆、影剧院等堂、馆进行检查时，以人工搜索为主，并辅以探测仪器和生物手段，检查的重点部位包括如下区域。

① 主席台和贵宾坐席区。首先对主席台和贵宾坐席区的台上、台下、乐池、幕布、地下室进行细致检查；其次要检查所有的桌椅下面及背面是否藏有可疑物；检查摆设的花盆、装饰物及茶具、烟具和其他遮蔽部分是否埋藏、夹藏有可疑物品。

② 贵宾休息室和卫生间。要特别注意检查凸起的地面和地毯下是否有埋藏物；其次检查门框、窗框、窗帘盒、窗帘后部等位置；要对室内的沙发、茶几等家具以及各种陈设、饰物，特别是灭火器、暖水瓶等容易被改装成爆炸装置的物品进行检查，并对各种容易隐藏爆炸装置的位置，如通风口、储水箱、下水道、天花板顶内等进行检查。

③ 工作间。供电、译音、录音、通信、转播等系统所占用的房间以及化妆室等，除进行人工搜索外，还需作使用性检查；同时，对灯光、电子、显示、扩音等系统外观检查后也都要试用检验。

④ 座椅。重点对有破损和重新修补缝合的部位进行检查，尤其注意成排摆放或套有椅套的座椅下面容易藏匿有可疑物品，需使用检查镜逐个检查。

（3）建筑物检查的重点部位

建筑物的建筑结构不同，犯罪分子实施破坏的目的不同，爆炸装置安放的位置就有所不同。

① 建筑物的承重部位和结合部位。在检查时，要重点检查地下室和楼房底层以及结合部位是否有较大体积的可疑物品。

② 建筑物的附属设备及隐蔽处。犯罪分子可能选择在电源部位、水暖管道、楼梯以及不易发现的隐蔽处设置爆炸物。

③ 桥梁、涵洞、隧道等部位。检查桥梁时仔细检查桥脚、桥墩、桥台以及桥墩与桥面的结合处等要害部位是否悬挂有可疑物品，在内嵌的设备箱、排水道内是否有异物，是否有人为钻凿的孔洞。检查涵洞要注意堆积的枯枝落叶内是否埋藏有异物，对于设置有防漂浮物护栏的还要重点检查是否有新近人为破坏的痕迹。隧道两端入口的顶部或较长隧道中间的拱顶部以及铁轨下是检查的重点部位。

（4）对雨箅、井盖的检查

在安检区域内有地井、雨箅子时，重点观察开盖的铁箅子上是否有连线，井盖周围的尘土锈渍是否一致。对于疑似新开启过的井口，应将井盖打开，观察井壁和浅井的井底有无新挖的痕迹。

4. 措施要求

（1）保证安全第一

包含两层含义：一是要确保被检查后的场地内没有爆炸物或其他不安全的因素；二是检查中要注意安检人员自身的安全，防止出现划伤、碰伤、扭伤、摔伤、砸伤、触电或触发可能存在的爆炸物。

（2）封闭控制措施到位

场地安检一定要在清场、控制以后或有效封闭的条件下开始进行，并要求在检查完毕后有控制措施。

（3）文明操作、规范作业

对物品轻拿轻放，不懂不乱动，注意保护文物和古建筑，不破坏特殊场地（主席台、贵宾室等）的整洁与整齐，尊重宗教礼仪与民俗等。

（4）运用逆向思维，注意发现"空间"

检查时我们经常会思考哪里能藏炸弹，而逆向思维则是思考把炸弹藏在那儿才不会被发现。所谓发现"空间"，就是要发现那些表面看似实体，而并非实体的暗藏空间，如壁画后可能有空穴，墙壁可能有夹层，地板下可能有暗道、房间等。这类"空间"最有可能被利用来设置和藏匿炸弹。

（5）宁可交叉重复，不能留有死角

这一注意事项特别体现在两个人或不同单位协同作业时的结合部，不要互相依赖，而要主动工作或达成默契。在互不照面、没有联系的情况下尤其应当注意。

（6）以防爆炸为主，兼顾各类危险物品

虽然场地防爆安检的主要任务是清查各类可能发生爆炸的物品和装置，但在检查中也要对非现场必须的利器和其他可用于施暴的物品、非必须易燃品、可能影响活动秩序的不当宣传品等物品予以清查发现。对发现的安全隐患要及时排除，不能排除的交相关部门予以处理。

（7）做好交接登记

交接登记的目的,一是明确责任,二是便于资料留存,可用于汇报和总结。登记的内容一般包括:作业人员、检查时间、检查对象、检查情况(包括发现的问题或查出的危险物品处理措施、加贴封条等)。在大型安保活动结束后要注意资料留存,特别是对重点区域开展安全检查的影像资料。要将场地检查工作所使用的图、表、方案以及交接表和工作情况数据进行存档,以备日后查阅。

技能要求

一、工作名称

识别不同场所内存在安全隐患的物品及装置。

二、工作准备

1. 组织安排

场地安检计划一旦确定,就要严格按照检查原则,遵照计划规定的时间和方式组织安检人员实施。

2. 组织指挥

实施场地安检,要在现场确定指挥员。检查任务涉及较多单位、范围较大时还可设立临时指挥部,以便检查工作能统一指挥、协调一致,出现问题时及时沟通处理。首先,要清理现场中的无关人员,然后,组织安检人员携带器材进入现场进行检查。对一些较为重要且技术性较强的部位,如电工房、电梯间、热力管道等,活动场所的管理者事先要留下足够熟悉该部位的专业人员,如电工、电梯维修工、水暖工等,以配合安检人员实施检查。

3. 后续工作

在检查结束后,安检指挥员要与受检场所的保卫部门签订交接责任书,将检查后的场所移交保卫部门,由其对现场采取周界控制措施,包括对室外场所布置保安人员采取拉警戒线封闭,凭证件进入,对室内场所不许继续使用的房间可采取加贴封条的措施。

三、工作程序

由于室内、室外场所安全隐患的种类较多,与此相对性的检查程序较多,以下仅就室内体育场馆为例,说明其检查程序。

① 安检人员在建筑物外集结,按照检查计划分组并领取器材,与各组属地引导人员对接。

② 首先对场馆入口处实施检查,确认安全后室内各组带入,按责任区分别开始检查。

③ 室外安检组按照环形顺序方式或两组背向推进方式,自集结点开始场馆院区待检区域实施检查,检查过程中对雨箅、井盖同步检查。

④ 各安检组按照检查方法和重点部位要求,依小组分工对责任区逐个房间或坐席区进行检查和登记,对发现的可能存在隐患的物品(如超量易燃物品和非必要的尖锐物等),与引导人员确认后登记带出,检查完毕后统一移交属地保卫部门处理。

⑤ 对检查完毕的房间,由各组组长确认,必要时加贴封条。

⑥ 各组安检工作均完成后，由指挥员与属地保卫部门进行签字移交，安检人员集体清点器材后带离。

学习单元2　处置存在安全隐患的物品及装置

学习目标

（1）掌握处置存在安全隐患物品及装置的基本方法；
（2）能够正确、熟练地对存在安全隐患的物品及装置进行处置。

知识要求

一、知识名称

处置存在安全隐患物品及装置的基本方法。

二、基本方法

1. 限带物品的处置

限带物品是指法律、法规、规章、技术标准及其他规范性文件规定的有限制条件的携带物品。限带物品具有两种特性：一是有一定的危险性，二是有一定的存在合理性，是工作生活的常用品，有的甚至是必需品。

（1）发现非现场必须的工具、利器或其他可用于施暴的物品，应交属地保卫部门控制和处理。

（2）发现少量必须的汽油、打火机油、稀释剂（稀料）等易燃液体的，应提醒责任人严格控制，防止被他人利用。

（3）对于大量的非必须易燃品，或者硫酸、丙酮等用途不明的化学药品时，如发现可疑的要迅速报告，移交公安机关进行进一步处理。如无可疑的，一般应交由属地保卫部门暂时代为保管。

2. 禁带物品的处置

禁带物品是指依照中华人民共和国现行法律法规，公民不得私自制造、销售、购买、使用、储存和运输的物品。

（1）在安检过程中如发现疑似枪支、弹药、炸药、火工品等违禁物品，应就地控制、立即报告，由公安机关治安部门前来处理。

（2）如发现疑似爆炸装置，应迅速封闭现场、疏散无关人员，控制属地责任人，迅速上报公安机关按照涉爆现场处置规程进行处理。

（3）必要时可对爆炸装置采取应急处置措施。

（4）如在检查过程中发生爆炸或其他重大安全事件，应立即报告情况，同时开展自救互救，条件允许时要尽可能保护现场以便后期调查取证。

技能要求

一、工作名称

处置存在安全隐患的物品及装置。

二、工作准备

(1) 掌握场地安检中常见禁带、限带物品的处置要求。
(2) 熟知不同情况的报告方式、内容。
(3) 熟知现场控制的方式和职责分工。
(4) 掌握应急处置中,削弱爆炸威力的四种措施。
(5) 会正确使用防爆毯、防爆罐等应急处置装备。

三、工作程序

因禁、限带物品种类繁多,下面仅就发现疑似爆炸装置后的工作程序为例,进行说明。

(1) 在场地安检过程中,如发现疑似爆炸装置,安检负责人应迅速协调属地保卫部门使用警戒带或其他措施设置封闭线,封锁可疑物周边现场,疏散现场无关人员。

(2) 将发现可疑物的地点、具体位置、外部特征迅速报告公安机关,以便专业处置人员有针对性的采取处置措施,在处置人员到达后,再详细提供现场情况。

(3) 可疑物在室内的,可采取削弱爆炸威力的预防性处置方法,包括打开门窗以利爆炸冲击波泄散、移除爆炸物周围的硬质物品以减少爆炸破片、移除周边易燃物品、关闭现场的天然气和电气设备,避免形成二次破坏。

(4) 必要时利用场所配备的处置装备采取应急处置措施,包括将已移动过的爆炸装置投入防爆罐,对未经移动的使用防爆毯覆盖。在使用防爆毯覆盖前,先选择一个安全处置点,在处理点准备防爆毯。由一人接近爆炸物,用防爆围栏围住爆炸物,再由两人分别扯住防爆毯四角,苫盖在爆炸物上。在覆盖过程中需要注意切忌用防爆毯包裹爆炸物;将防爆毯虚盖在爆炸物上,不可用力压实,避免因用力触碰而引发意外爆炸。

本章思考题

1. 场地安检的概念。
2. 场地安检的方法。
3. 安全隐患的概念。
4. 场地安检基本信息采集规范。
5. 场地安检常用器材。
6. 室内和室外场地安检小组的人员、器材配备和检查速度标准。
7. 检查流程三种方法的适用情形和相互关系。
8. 室内、室外安检的重点部位。
9. 安检中处置禁带、限带物品的基本方法。

第二章
武装守押

第一节　武装押运

学习单元1　武装押运过程实施警戒和护卫

学习目标

(1) 了解武装押运基础知识；
(2) 熟悉武装押运操作规程，危险品运输、仓储相关法律法规要求；
(3) 掌握危险品押运规范和要求；
(4) 能够正确、规范地实施警戒和护卫。

知识要求

一、武装押运基础知识

1. 保安武装押运的概念

保安武装押运是指保安从业单位按照服务合同的约定或者单位任务的要求，派出保安员采用持枪、持械等形式，以确保客户单位运输的现金、贵重物品或危险品安全抵达目的地的一种保安服务活动。保安武装押运是保安服务的重要内容之一，也是确保客户单位物品安全的重要措施。

需要指出的是，保安武装押运业务与保安护送业务有同有异。两者相同的是，都有为客户运行中合法财物提供安全服务的职责；不同的是，执行武装押运业务的保安员需要配带枪支弹药，从事保安护送业务的保安员不需要配带枪支弹药。但是，有的保安护送业务承担的安全服务职责还包括保护客户人身安全，而保安武装押运服务则不涉及此项责任。

2. 保安武装押运的特点

（1）目标单一，责任重大

保安武装押运保护的目标，一般是单一的、特定的，如现钞武装押运、重要仪器设备押运、文物押运、贵重物品押运和爆炸物品押运等。一旦发生问题，造成的巨大物质、经济损失难以弥补，社会影响无法挽回，有时还会带来人员伤亡。因此，虽然保护目标单一，但是武装押运保安员所承担的责任却很重大。

（2）引人注目，风险性大

① 武装押运的现金和贵重物品，往往也是违法犯罪分子首选的侵犯目标。违法犯罪分子为了获得这些现金和物品，往往经过充分的预谋和准备，筹划相当周密。同时，由于武装押运的某些物品本身具有易燃、易爆和易受损等特性，更增加了武装押运的风险程度，也容易成为犯罪分子破坏的目标。

② 由于执勤的押运保安员随同交通工具武装押运，戒备森严，容易引起押运沿途群众的注意和种种猜测。因此，执行武装押运的保安员，对于武装押运途中可能遇到的各种问题，要有充分准备和应急措施，并尽量减少群众的注意力。如长途武装押运中要选择人烟稀少的地方停车休息；警戒尽量隐蔽，不要招摇过市；选择住宿地，宜早上走晚上到等。

（3）路途多变，易感疲劳

武装押运勤务中，保安员随同押运交通工具出行，路途较长，跨区跨省甚至迈出国界，所经地方水土、气候、社会环境和沿途条件差异很大。所以要求武装押运保安员一方面保持高度警惕，准备应对各种突发情况，这无疑要消耗很多精力和体力；其次，还要面对吃、住、行所遇到的各种自然挑战，如南方的酷热、东北的严寒、北方的干燥、西北的风沙和水土不服等；再者，武装押运保安员持枪时间长，长时间处于紧张状态，心理压力大。所以，武装押运保安员必须具备良好的心理素质和强健体质。

（4）独立性强，易受袭击

① 保安武装押运，无论是随同汽车、火车、船只和飞机等交通工具，还是使用其他交通方式，首先要明确，处置任何突发情况和一些意想不到的纠纷、冲突时，都必须遵循确保武装押运物品安全这一原则。发生紧急情况时，在想方设法请求支援的同时，要有独自作战的精神准备，同参与武装押运的有关人员结成一个应战集体，沉着冷静，妥善处置。因为，外援不可能马上到来，面对突发情况和纠纷的发生，必须在很短的时间内做出反应。

② 在应急中，要注意掌握向有利于外援到来后做进一步处置的方向发展。例如，在遭到匪徒抢劫与其搏斗时，要注意观察匪徒人数、体貌特征、衣着、年龄、口音和匪首，以及使用的凶器或枪支种类、逃跑的方向等情况。

（5）工具多样，对象复杂

保安武装押运所使用的运输工具是多种多样的，有汽车、船只、火车、飞机等，其中不少属于兼运性质，例如，火车在装运需要押运现金物品的同时，还装运其他物品，或运送旅客，这就为武装押运物品的安全增加了难度。执勤保安员应当经常研究和熟悉各种交通工具的特性，以及给武装押运现金、物品带来的有利因素和不利因素，有针对性地制定应急预案，根据实际情况采取相应措施。

（6）性质特殊，保密性强

为了圆满完成武装押运任务，不给违法犯罪分子以可乘之机，避免由于武装押运内容泄露引起的诸多麻烦。执勤保安员在实施武装押运勤务的过程中，严格保密是非常必要的。在不影响客户单位整体运作的前提下，可以采取机动多变的策略艺术，巧妙地排列组合武装押运路线、时间和送达地点。例如，武装押运从业单位负责向若干个银行收、送款项的交通工具，可以经常变换送达顺序、路线和时间，使预谋抢劫的匪徒难以掌握规律。此外，凡属重大武装押运任务，应当严格控制包括客户在内的知情人员范围，知道的人越少越好，即使发生案件，也便于侦破。

3. 保安武装押运类型

（1）根据武装押运路途远近，可分为两种押运类型。

① 长途武装押运：主要是指武装押运从业单位为客户承担跨县、市，甚至跨省的财资武装押运任务，以保证押运物品安全到达目的地的活动。

② 短途武装押运：是指武装押运从业单位根据合同规定派出押运保安员，为客户承担50千米以内较短路途的武装押运任务，以保证押运物品安全到达目的地的活动。

（2）根据物品运输工具的不同，可分为以下押运类型。

① 汽车武装押运：是指武装押运从业单位依据押运合同，派出押运保安员，为客户承担跟随汽车对物资、物品及现金等押运业务，以保证这些押运财物在汽车运输途中的安全。

② 火车武装押运：是指武装押运从业单位根据押运合同，派出押运保安员保证客户财物在火车运输途中的安全。

③ 飞机武装押运：是指武装押运从业单位依据押运合同，派出押运保安员随乘飞机，为客户押运需求紧急、价值昂贵财物的押运业务。

④ 船只武装押运：是指武装押运从业单位依据押运合同，派出押运保安员，为客户承担跟随船只对财物的押运业务，以确保押运财物的安全。

⑤ 徒步武装押运：是指保安武装押运从业单位依据押运合同，派出押运保安员，为客户提供徒步形式对现金、贵重物品和机密文件等物品的押运任务，以确保被押运对象的安全。徒步武装押运适合于高山、森林和湖河交叉地带的押运，同时也非常适合城市街道区域内的护送押运。

⑥ 此外，还有自行车武装押运和摩托车武装押运等业务。

4. 保安武装押运的对象及任务职责

保安武装押运的对象主要是来源合法、可以移动的财物，特别是贵重物品或危险物品。通常包括现金、有价证券、贵重金属、文物、机密资料、枪支、易燃易爆、剧毒放射性危险物品和价值昂贵的机器设备以及其他物品等。

（1）武装押运员采取随行看管方式，守护客户财物，防止被盗、被抢或遭受其他不法侵害。

（2）在武装押运财物遭受歹徒袭击时，运用保安技能或者防暴枪支予以阻止，保护客户财产安全。

（3）通过安全检查，及时发现和消除安全隐患，防止发生火灾、爆炸等治安灾害事故。

（4）对武装押运财物置放、运输的条件和环境等情况进行巡视和检查，防止发生挤压和丢失等事件。

（5）清点、核对武装押运的财物，防止出现差错。

二、武装押运操作规程

1. 武装押运操作规程的相关规定

武装押运操作规程，是指武装押运从业单位及保安员在执行武装押运过程中，对武装押运目标采取防抢、防盗和防丢失措施时,应严格遵守的操作规程。根据中华人民共和国公安部发布的《保安服务操作规程与质量控制》(GA/T594—2006)的规定,结合中级保安武装押运员勤务的实际,保安武装押运从业单位从事服务工作时,须符合下列操作规程的要求。

(1) 押运任务的实施

① 承接押运任务后需要了解:发货部门名称、物资种类、性质、价值、数量、代号、运输工具,到达目的地的运行路线,出发及到达时间;收货单位名称、详细地址、代号;对押运的要求和应注意的问题。

② 办理押运手续,领取途中所需物品。

③ 与发货部门人员共同清点财物的数量,检查财物包装密封标记等是否完好,如发现问题,应向客户单位提示并做好记录。装物时保安员要在场点验,以防发生漏装或出现差错。

④ 配备必要的防护用具和通信器材,并保持完好有效。

⑤ 在押运途中,认真观察,加强防范,排除危险;对押运财物实时监控,以确保财物安全。

(2) 押运财物的交付

① 财物抵达目的地后,保安员要观察周围动态。办理交接手续时,禁止无关人员接近财物。

② 接交财物应由发货部门和保安员与收货部门共同清点财物的数量、检查财物包装等情况。认定无误后,由收货部门在收货单据上签名盖章。

2. 保安武装押运操作规程

保安武装押运从业单位,制定武装押运操作规程的主要内容,应包括以下三个阶段。

(1) 执行勤务前准备阶段

武装押运车组领取押运车钥匙、与银行等客户单位约定交接人、办理领取卫星定位系统报警拨号器、枪支弹药、保安器材装备及有关证件的相关手续。

(2) 执行任务阶段

① 出库程序。包括各车组到达金库后,车长向押运保安员下达当天执行任务的指令及要求。

办理出库交接手续时要坚持"五查"制度。一查库箱箱体是否完好;二查库箱编号数量是否相符;三查锁头及锁眼十字封条是否完好、完整,印章是否清晰;四查有无被撬、被砸、箱包有无松动和损坏痕迹;五查箱体上、下连接处合页是否有断、撬等情况。

② 送库程序。包括押运车到达网点后,押运保安员设置临时隔离区的警戒方法及要求、卸款箱时的警戒动作、办理交接手续等。

③ 接库程序。包括押运车到达银行网点准备接库时,押运保安员设置临时隔离区进行警戒、认证交接、向押运车装款箱、押运组长下达执行下一个网点任务的命令等。

④ 入库程序。包括现场设置临时隔离区及警戒、卸款箱的方法和注意事项、办理交接手续方法等。

⑤ 上门收款程序。包括押运组长向指挥中心汇报情况、办理交接和护送、组织押运保安员设置临时隔离区、进行警戒、押运组长下达离开网点的命令等。

(3) 结束任务阶段

武装押运任务完成后,押运组长和武装押运员清点枪支弹药和其他装备数量,驾驶员按既定路线驾驶押运车,返回押运公司后交回枪弹装备,检查保养车辆,交回执勤相关物品,押运组长小结当天执行任务情况等。

3. 保安武装押运管理制度

（1）请示报告制度

保安员在接到武装押运任务时，应及时请示领导，按领导的要求迅速做好出发前的准备工作；押运途中不能解决的问题要及时请示，一般情况要按规定逐级请示报告；重要情况和涉外问题，随时请示报告；紧急情况，可越级报告；对一时弄不清的问题，先简报，后详报。报告情况要准确，请示问题应有处理建议；事情处置完毕后，应及时将处理情况向上级报告；押运工作完成后，要及时向领导汇报武装押运工作的全部情况。

（2）交接认定制度

① 银行库箱交接认定制度。库箱交接认定的形式，各押运从业单位虽方法各异，但该制度要明确规定，押运从业单位事先将押运车辆车型、车牌号、押运保安员姓名和照片等资料送达各营业网点，以便在办理押运交接前认车、认人；并要明确规定，当更换车型、车牌号及押运保安员时，押运从业单位应先一天将变化的资料送达各营业网点，以便确认交接人员身份及押运车辆。

② 人体生理特征识别器认定制度。人体生理特征识别比人工认人、认车和交接认定更安全可靠，因此，制度要明确规定使用人体生理特征识别器的种类；押运保安员个人生理特征录入密码键盘的内容及方法；当天执行押运任务的保安员人体生理特征转送到银行读卡器的方法；银行网点识别当天执行押运保安员的方法；保安员使用人体生理特征识别器的方法、注意事项及监管方法。

（3）巡视检查制度

巡视检查要贯穿于押运工作的全过程。起运前，要认真检查准备工作的情况，如手续是否齐全，准备是否良好，车辆安全状况如何，并掌握押运物品的种类和性能等；途中要加强巡视，看有无异常情况；终点交接时仍不能放松警惕，要检查和清点押运财物是否完好无缺，只有与财物验收方交接完毕并安全入库后，押运工作才算顺利完成。

（4）武器和车辆管理制度

① 武装押运从业单位要根据国家《枪支管理法》和国务院《保安服务管理条例》、公安部《公务用枪配备办法》和《专职守护押运人员枪支使用管理条例》的规定，结合实际，制定出本押运从业单位的"持枪人员管理责任制度"、"枪支弹药保管、领用制度"和"枪支安全责任制度"等。

② 武装押运车管理制度要明确：押运车的使用范围，车辆调度审批程序及紧急情况下的调度审批程序；押运车的年检、交纳养路费和保险费等制度；押运车定车、定人和定物的岗位责任制及交接方法；车内装备的掌管使用人及责任；押运车钥匙的领取、加油、行车时间、行车路线的规定及负责人；押运车在交通事故、道路堵塞等紧急情况下的行车要求；押运车的日常检查、保养与维修制度；违反规定的处罚办法以及优秀驾驶员的奖励办法等。

（5）保密制度

保守武装押运机密是保证押运安全的一个重要环节。从已发生的运钞车被抢劫或盗窃案件来看，大多数是有预谋的，目标准确，而偶发性的则较少。因此，对押运财物的种类、性质、数量、时间、路线、押运保安员的人数和装备等情况要严格保密，不得向无关人员及亲朋好友透露。

（6）奖惩制度

为使武装押运保安员忠于职守，认真负责，要制定奖惩制度。对严于律己、出色完成任务的保安员要给予奖励；对玩忽职守、关键时刻贪生怕死、临阵脱逃的人要严肃处理。奖励、惩罚要兑现，落实到位，真正起到奖励先进，鞭策后进的作用。

三、易燃、易爆等危险品武装押运规范和要求

1. 对危险品的认识

（1）危险品的定义

凡具有腐蚀性、自燃性、毒害性和爆炸性等性质，在运输、装卸和储存保管过程中容易造成人身伤亡和财产损毁而需要特别防护的物品均属危险品。如炸药、汽油、强酸、强碱、苯、赛璐珞和过氧化物等在贮藏和运输时，应按照危险品相关条例处理。

（2）危险品的分类

按照危险货物的危险性，《危险货物分类与品名编号》（GB 6944—2005）将危险品分为9类共22项。

第一类：爆炸品。

第二类：压缩气体和液化气体（本类货物系指压缩、液化或加压溶解的气体）。

第三类：易燃液体（本类货物系指易燃的液体、液体混合物或含有固体物质的液体，但不包括由于其危险特性列入其他类别的液体）。

第四类：易燃固体、易燃物品和遇湿易燃物品。

第五类：氧化剂和有机过氧化物。

第六类：毒害品和感染性物品。

第七类：放射线物质（本项货物系指有放射性的物品，如镭、铀等）。

第八类：腐蚀品。

第九类：杂类、海洋污染物。

2. 易燃、易爆危险品武装押运规范

（1）从事易燃易爆危险物品运输车辆必须申领公安消防机构核发的《易燃易爆化学物品准运证》。市直属单位和中央、省、外地机构，由市公安消防机构审核发证；区、县级市属单位，由区、县级公安消防机构审核发证。

（2）运输易燃易爆物品的车辆标志，必须符合国家标准《道路运输危险货物车辆标志》（GB13392—2005）；运输压缩气体和易燃液体的槽车、罐车颜色必须符合国家色标要求，并安装静电接地装置和阻火设备。

（3）运输易燃易爆危险物品的车辆，每年必须经过公安交通管理和技术监督等部门的安全检测，凭检测证明向公安消防机构办理审验手续后，方可继续使用。

（4）从事易燃易爆危险物品运输的驾驶员、武装押运员和装卸员，必须经消防安全知识培训，考试合格后，方可上岗。

3. 危险品保安武装押运要求

（1）危险品押运保安员必须经交通部门专业培训，考试合格领取资格证后持证上岗。

（2）必须熟悉所装货物的性质、防护措施和应急救援操作程序。

（3）装货时必须对危险货物进行安全检查，对不符合安全要求的货物严禁装运。

（4）危险货物押运保安员应当对道路货物运输进行全程监管。

（5）在武装押运过程中发生燃烧、爆炸、污染、中毒或被盗、泄漏等事故，押运保安员

应当立即向当地公安部门和所在运输企业报告，并采取一切可能的警示和应急措施。

（6）装运易燃易爆化学品的车辆，货物未卸清或未做安全措施的槽罐车，不得使用明火修理或明火照明。

（7）武装押运保安员应熟练掌握消防器材和堵漏装置，穿戴必要的安全防护用品。

（8）按照危险化学品和易燃易爆品的危险特性，采取必要的安全防护措施，防其渗漏和遗洒。

四、危险品运输、仓储相关法律法规要求

1. 危险品运输概念和特点

危险品运输是特种运输中的一种，是指专门组织或技术人员对非常规物品使用特殊车辆进行的运输。一般只有经过国家相关职能部门严格审核，并且拥有能保证安全运输危险货物的相应设施设备，才能有资格进行危险品运输。

危险物品最大的特点就是"危险"。危险物品在外界条件作用下，极易发生燃烧、爆炸、泄漏和中毒等事故，具有强烈的杀伤和破坏能力，它也可能被不法分子当作作案的工具，进行破坏活动。危险物品在运输中具有很大的危险性，容易造成人员伤亡和财产损失。如2005年3月29日，发生在京沪高速公路上的液氯泄漏事故，驾驶员和武装押运员在报案后逃逸，延误抢险疏散时机，造成28人死亡，2万多亩土地受污染，直接经济损失2901万元。

2. 仓储的概念及场地要求

仓储是指通过仓库对商品进行存储和保管。它是随着商品储存的产品而产生，又随着生产力的发展而发展。仓储是商品流通的重要环节之一，也是物流活动的重要支柱，在社会分工和专业化生产的条件下，为保持社会再生产过程的顺利进行，必须存储一定量的商品以满足一定时间内，社会生产和消费的需要。

（1）仓库内应严格遵守防火要求，严禁烟火，按要求检查温湿度及防火器材，对安全隐患及时予以整改。

（2）仓库内物品堆码除保持必要的通道外，物品堆码还应坚持"五距"原则，即顶距1.5米、灯距1米、墙距1米、柱距0.5米、堆距0.5米。

（3）跨区运送或搬运中，对物料易磕碰的关键部位应适当保护。

（4）特殊性质物品必需单独存放，严格禁止和其他一般物料混放，并严格管理。

（5）仓库管理员要有高度的责任心，严防货物失窃。

（6）仓库内谢绝参观和拍照，严格控制外来人员进入仓库。

（7）禁止机动车入内，机动叉车除外。

（8）不得存放与仓库业务无关的货物或私人物品。

（9）仓库内应有明显的防火等级标志，出入口和通向消防设施的通道应保持畅通。

（10）危险品的储存和保管也必须加以特别的管理。

3. 与危险品运输、仓储相关的法律法规

危险品运输是整个道路货物运输的一个重要组成部分，除要遵守道路货物运输共同的规章，如《中华人民共和国道路交通法》和《道路危险货物运输管理规定》等外，还要遵守如下特殊规定。

（1）联合国相关规定

《关于危险货物运输的建议书》和《国际公路运输危险货物协议》等。

（2）道路危险货物运输的国家标准

《危险货物分类和品名编号》（GB 6944—2005）、《危险货物品名表》（GB 12268—2005）、《危险货物包装标志》（GB 190—90）《危险货物运输保障通用技术条件》（GB 12463—2009）、《道路运输危险货物车辆标志》（GB 13392—2005）、《汽车运输液态危险货物常压容器（罐体）通用技术条件》（GB 18564—2001）、《常用危险化学品的分类及标志》（GB 13690—2009）、《包装储运图示标志》（GB 191—2000）、《放射性物质安全运输规程》（GB 11806—2004）等。

（3）道路危险货物运输行业标准

《公路、水路危险货物运输包装基本要求和性能试验》（JT 0017—88）、《汽车运输危险货物规则》（JT 617—2004）、《汽车运输、装卸危险货物作业规程》（JT 618—2004）、《汽车运输企业行业安全管理标准》（JT/T 3144—91）、《营运车辆技术等级划分和评定要求》（JT/T 198—2004）、《汽车导静电橡胶拖地带》（JT 230—95）、《剧毒化学品目录》（公告2003年第2号）、《爆破器材运输车辆安全技术条件》（科工爆［2001］156号）、《运油车、加油车技术条件》（QC/T 653—2000）等。

与仓储有关的法律法规主要有：商务部关于《促进仓储业转型升级的指导意见》（商流通发［2012］435号）、国家发展和改革委员会关于《粮食仓储管理办法》（国家发展和改革委员会5号令）、《合同法》中的《仓储保管合同实施细则》部分（2012-12-18）等。

技能要求

一、工作名称

武装押运过程实施警戒、护卫。

二、工作准备

1. 出勤准备

（1）出勤前，车长（押运组长）、押运保安员和驾驶员按规定着制式服装、佩戴相关工作证件，排除与执勤无关的一切事项，准备出车执勤。

（2）车长到勤务值班室签字领取运营记录本、免检通行证、枪弹领用登记卡和车载金库钥匙。

（3）车长带领押运保安员到押运交通工具前穿好防弹衣，携带枪弹领用登记卡，到枪库交卡领取枪支弹药。

2. 枪弹准备

（1）验枪

使用18.4mm防暴枪的押运保安员，从军械室领完枪弹后，打开折叠枪托，检查扳机保险是否处于关闭状态；确认扳机保险处于关闭状态后，在指定验枪区域内，车长下令"验枪"，押运保安员双手持枪，枪口向下成45°，枪口至于验枪桶（见图2-1）内10厘米，右手握手柄，左手握护木，回拉两次护木使枪支处于挂火状态，同时检查枪膛内是否有子弹，枪口始终保持向下成45°置于验枪桶内10厘米，车长检查确认无子弹后，下令"装弹"，开始组织装弹。

（2）装弹与肩枪

18.4mm防暴枪装子弹时，扳机保险必须处于关闭状态，将枪身反转，枪口保持向下成45°，左手握枪机匣上部，枪托贴于腋下，右手持弹，每次必须手持一发子弹，将子弹从输弹器口依次装入弹仓，用右手大拇指顶住子弹后部，用力上推，依次把五发子弹装完。装弹完毕后，车长下令"肩枪"，押运保安员统一将枪从验枪桶中取出，枪口朝下背于右肩，列队向押运交通工具行进。车长组织押运保安员依次登车，各自坐在规定位置上，车长检查执勤用品无误后，按下GPS或北斗系统空载键，下令向目标行进（见图2-2～图2-5）。

图2-1 验枪桶

图2-2

图2-3

图2-4

图2-5

3. 车辆准备

驾驶员提前15分钟对车辆进行全面检查，确认正常后，启动车辆，待命出发。

三、工作程序

1. 行车中（以依维柯为例）

（1）司机坐于驾驶员位置，负责观察行车周围情况。

（2）车长坐于驾驶员右侧（副驾驶座位），负责观察车辆前方情况。

（3）押运保安员坐于车长后排车门位置，负责观察车辆后侧、右侧情况。

（4）有业务员或提箱员跟随的，坐于司机后排位置（见图2-6、图2-7）。

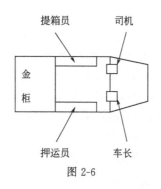
图 2-6

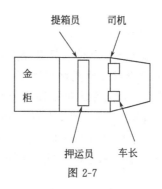
图 2-7

2. 警戒、护卫

（1）侧门上款时

当运钞车到达目的地后，押运组长观察押运交通工具前方和左侧情况；押运保安员观察车右侧情况；驾驶员利用反光镜观察车后方情况。待客户业务员通知后，押运组长通过 GPS 或北斗系统向指挥中心发送"装钞"状态，并通过 800 兆电台向指挥中心报台："指挥中心，××号车组实施装钞"。图 2-8 中押款车前风挡下为电台。

图 2-8　电台位置

车内所有人员观察均无可疑情况后，车长将自己保管的车载金库钥匙交给押运员，押运员将两把钥匙插在车载金库门锁上。然后，车长和押运员迅速持枪下车，车长根据地形站于车门正前方 2~4 米处或适当位置，押运员站于车右后方适当位置，司机将押运交通工具熄火，持保安棍从副驾驶门下车后锁闭车门，站于车右前方适当位置，三人将押运交通工具车门处围成临时安全区域，实施站位警戒，观察周围动向，车长利用遥控器进行设防（见图 2-9、图 2-10）。

车组成员打开扳机保险，下车警戒，部署完毕后，押运组长与提箱员进入客户单位，提箱员在视频监控下与客户业务员办理交接，随后检查箱子数量、箱锁和铅封（封条、拉扣）是否完好。驾驶员持警械在运钞车旁原警戒位置进行警戒。

在车组人员的持枪护卫下（枪口向下成 45°），客户业务员或提箱员携提款箱出客户单位

图 2-9 站位警戒

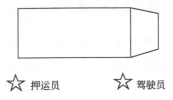

图 2-10 站位警戒位置示意

大门,车长利用遥控器进行撤防,客户业务员或提箱员打开车载金库门进行上款。(见图 2-11、图 2-12 上款护送途中)。

图 2-11 上款护送途中(一)

客户业务员或提箱员负责用链子锁把款箱锁好,押运组长再次检查箱子数量和链子锁情况,无误后,锁闭车载金库门拔下钥匙。

上款完毕后,押运组长下达上车口令,如车上跟随客户业务员(提箱员),则按客户业务员(提箱员)、押运保安员、驾驶员和押运组长的顺序,交替上车,锁闭护卫仓门和车门,

图 2-12　上款护送途中（二）

车组人员坐在各自位置上，观察车外情况，驾驶员启动车辆。

押运组长与押运员交接车载金库钥匙，通过 GPS 或北斗系统向指挥中心发出"运钞"状态，用电台向指挥中心汇报："指挥中心，××车组装钞完毕"，指挥车辆前进。

注：如使用 POS 机交接，银行确认车长身份后，输入数据，车长检查箱子数及封条、箱子上锁情况，确定无误后，在指定的监控器下进行签字交接。

（2）侧门下款时

下款时哨位的确定及任务同上款。

运钞车到达运营网点后，车组人员观察周围情况，无误后，押运组长通过 800 兆数字电台向指挥中心汇报："指挥中心，××车组准备卸钞"，发送"卸钞"状态，将自己保管的车载金库锁匙交给押运员，押运员将两把钥匙插在车载金库门上。

待客户业务员走出网点后，押运组长和押运员迅速持枪下车，驾驶员将车辆熄火，持警械从副驾驶门下车后锁闭车门，实施站位警戒。

在车组人员的护卫下，客户业务员或提箱员负责打开车载金库门和链子锁，取出款箱进行下款，然后锁闭车载金库门。车长拔下车载金库门钥匙后，利用遥控器进行设防，驾驶员持警械在原位置警戒。

押运组长和押运员持枪护送至指定地点，在押运保安员的严密警戒和客户视频监控下，与客户业务员相互签字进行交接；交接完毕后，肩枪返回，押运组长撤防，下令上车。

车组人员迅速上车，坐在各自位置上，押运组长与押运员交接车载金库钥匙，发送"运钞"状态，并通过 800 兆数字电台向指挥室汇报卸钞完毕，然后指挥车辆向下一目标行进。

学习单元 2　押运物品交接手续

学习目标

（1）掌握各类押运物品交接手续和清点方法；
（2）能够正确、熟练的与客户办理押运物品交接手续。

知识要求

一、武装押运物品的交接和清点

1. 押运物品的类型和特点

（1）押运物品的类型

① 货币及有价证券。

② 贵重物品（包括金银珠宝、贵重金属和文物字画等）。

③ 危险物品（包括具有燃烧、爆炸、腐蚀、毒害和放射性能的物品等）。

④ 贵重仪器和机器等。

（2）押运物品的特点

① 易受侵害。货币及有价证券是犯罪分子窃取和抢劫的重点目标，押运货币和有价证券与运送一般货物不同，有着特殊的安全要求。

② 价值昂贵。贵重物品其最大的特点是价值高和目标集中，容易引起不法分子的注意，成为盗窃和抢劫的对象，发生案件的可能性比较大。

③ 危险性大。危险物品押运的特点是危险性大、责任重和要求高。危险物品在外界作用下，极易发生燃烧、爆炸和中毒等事故，具有强烈的杀伤和破坏能力；它也可能被不法分子当作作案工具，进行破坏活动。

④ 要求严格。贵重仪器和机器，最大的特点是这些仪器和机器往往是国家科研的重要设备，灵敏度高、科技含量高和价值高。

2. 押运物品交接的含义与内容

（1）押运物品交接的含义

押运物品交接是指将清点后的财物办理交付与接收的活动。

（2）押运物品交接的内容

交接的内容主要是把已清点的押运财物，由押运方与托运方双方当事人签字认可，并办理交接相关押运文书的活动。

3. 押运物品清点的含义与内容

（1）押运物品清点的含义

清点是指在整个押运环节中，押运保安员与托运方共同当面清理盘点押运财物数量和质量的活动。

（2）押运物品清点的内容

清点的内容主要有：清点押运财物的数量和质量，检查封箱（包）质量，封品是否合格，对发现的问题及时解决或记录在案。

二、各类武装押运物品的交接手续和清点方法

常见武装押运物品主要有现钞、危险物品和贵重物品。现以现钞、危险物品和贵重物品为例，介绍武装押运物品的交接手续和清点方法。

1. 现钞的交接手续与清点方法

（1）现钞款箱出库前

押运保安员在现钞款箱出库前,要与托运方业务负责人共同当面清点现钞款箱数量,检查封箱质量,若发现件数不符、箱包破损、封品不合格和手续不清的,应立即报告业务部门处理。对发现的问题未完全解决前,应拒绝接收现钞款箱。

(2) 款箱出库装车时

款箱出库装车时,现钞押运保安员应清点装车,装车完毕后,现钞押运保安员应与托运方负责人分别在"承运单"或"交接单"的"承运方负责人"、"托运方负责人"栏验收签字。

(3) 营业网点卸车时

押运车到达营业网点时,押运组长首先下车,再观察交接点有无异常情况。组织押运保安员设置临时隔离区警戒,下达卸车命令,提箱员清点并卸钞箱,在押运保安员护送下送款箱到指定位置。

(4) 经办人须亲笔签名

当提箱员与网点业务员经共同清点,确认清单数量与现钞款箱数量相符,核对无误和手续完备后,要坚持经办人亲笔签名和谁签字谁负责的原则进行交接。

(5) 现钞款箱搬运与接送

押运组长、提箱员或客户业务员负责款箱交接过程中的搬运和清点工作,担任警戒和护送任务的押运保安员不得擅离职守。

(6) 现钞款箱押运结束后

押运组长或提箱员在每次任务结束后,要认真清点、检查车厢内是否有遗漏款箱。返回从业单位后,要及时将有关押运交接手续文书交回押运部归档,以备核查。

2. 危险物品的清点方法与交接程序

(1) 危险物品装车前的检查、清点与交接

① 验收危险物品运输证件。押运公司在受理承担押运危险品业务装车前,先向托运单位验收公安机关签发的危险物品运输相关证件,由押运保安员随车携带,以备押运途中检查。

② 检查清点危险品的品种、数量及包装。押运保安员要检查押运危险物品的品种是否允许共存、数量是否无误和包装是否符合运输要求。

属于下列危险物品不宜运输:

a. 有明显分解现象的;未装入制品内的起爆药;硝化甘油;

b. 渗油的,以及当气温低于-15℃时的难冻胶质炸药和气温低于10℃的易冻胶质炸药;

c. 未经国家批准生产的,不符合国家标准或未颁布标准的爆破器材;

d. 包装破损或包装袋过湿、发霉或有油迹的;不允许共存的爆破物品(如导火索、雷管和炸药不能同车共存)。

(2) 危险品装车时的清点与交接

① 清点装车签写"承运危险品清单"。危险品押运保安员应边清点、边装车签收。按已清点的危险品数量装车完毕后,承运押运方与委托方双方经办人签写"承运危险品清单",要坚持经办人签名和谁签字谁负责的原则。

② 清楚收、发货单位和地址。危险品押运保安员要清楚发货单位、发货地址、收货单位和收货地址,并与收货人联系约定时间与联系方法,做好装卸危险品的准备工作。

(3) 危险品押运途中的检查清点

危险品押运途中，特别是长途押运途中，押运保安员应不定时观察押运车门、锁具、苫布和捆绑等情况，防止发生被盗、被抢、丢失、流散和泄漏等。如发生这类情况，危险品押运保安员应及时向当地公安机关报告损失情况及危险品的品种、数量及程度，不得瞒报误报、延误破案、采取补救措施的最佳时机。

(4) 危险品押运到收货点卸车时的交接与清点

危险品押运到收货地点后，双方业务经办人应边卸车边清点，经清点、核对，确认危险品与清单相符，双方经办人签字。如发生破损或差错，要记录在案，及时报告。

(5) 危险品押运结束后

危险品押运业务员在押运结束后，认真检查押运车厢内是否有遗漏未卸完的危险品，将交接清单交送至有关部门。

3. 贵重物品的清点方法与交接程序

(1) 贵重物品押运主要指押运金银、珠宝、贵重金属和文物等服务活动，其最大的特点是价值高和目标集中。所以，要做好贵重物品清点和交接工作。

(2) 贵重物品包装前，承运双方一起对需要包装的贵重物品逐件清点、造册，记清楚贵重物品的名称、数量、价值和完好程度（对原有损伤的要登记在案，以备送达时查验），并由押运保安员与客户业务员在交接清单上亲笔签名认可。

(3) 贵重物品包装后放置于木箱或铁桶内，并加"#"字形铁条捆扎和铅封。

(4) 贵重物品运抵目的地后，押运保安员与接收单位业务员当面按押运清单登记的名称、数量和完好程度一一清点和核对，如无误，由收货单位业务员和押运保安员在交接清单上亲笔签字认可。

(5) 贵重物品押运结束后，押运保安员认真检查是否有遗漏，将交接清单交送至有关部门。

技能要求

一、工作名称

与客户办理押运物品交接手续。

二、工作准备

(1) 熟记客户业务员的联系方式。

(2) 准备好与客户单位办理押运物品清单表、黑色签字笔等。

三、工作程序

(1) 当押运交通工具到指定地点后，押运组长及时与客户业务员取得联系。

(2) 车组接到出库的通知后，押运组长组织押运保安员迅速下车，将押运交通工具围成2~4米的安全区域进行警戒。

(3) 押运组长或提箱员在视频监控下检查押运物品数量和铅封是否完好，与业务单位办理交接，相互签字。

(4) 交接完毕后，押运组长下令上车，向指挥中心汇报信息，驶向下一网点。

学习单元3　车载技防设备安全防范

学习目标

(1) 掌握常用车载技防设备使用方法和注意事项；
(2) 能够正确、熟练地操作车载技防设备进行安全防范。

知识要求

一、常用车载技防设备使用方法

运钞车监控系统的出现大幅提高了运钞车的安全。综合运用 GPS/GIS/GPRS/CDMA/北斗定位技术等，对所有运钞车进行监控，实时了解运钞车的状态，一旦出现状况，及时作出判断并采取措施，将可能的损失降到最小。

一般情况下，车载技防设备都使用 GPS 定位系统或北斗定位系统等。

1. GPS 定位系统

(1) GPS 定位系统的特点

全球卫星定位系统简称 GPS。GPS 是用卫星技术来进行无线定位的导航系统，可为各类固定或移动用户提供二维或三维坐标及速度和时间信息。GPS 定位系统的特点如下。

① 全球性及全天候导航定位。GPS 导航卫星覆盖区域之大，是任何地面导航台所不能及的。

② 定位、测速和测时的精确度高。

③ 实时定位速度快。利用全球定位，在一至数秒内便完成一次定位和测速工作，并可迅速地确定被测目标的三维坐标。这对高速动态目标的用户是非常重要的。

④ 抗干扰性能好，保密性强。

⑤ 采用高新技术，用户数量不受限制。

⑥ 应用范围广。

GPS 系统可为各类用户连续提供动态目标的三维位置、三维速度和时间信息，利用这些信息可以构成具有通信、导航定位、识别及授时的多功能系统。

(2) 卫星定位移动目标监控报警系统

该系统是将卫星定位导航技术、计算机技术和网络通信技术等有机结合起来，构成一个可对移动目标实施动态监控和管理的自动化管理控制系统，是 GPS 技术与无线通信技术网络的完美结合。其系统功能如下。

① 车辆检测和报警功能。系统计算机发出指令，自动收集车辆状态信息和位置报告，并在屏幕上显示各车辆的地理位置。发生紧急情况时，移动台可以发出警报信息，基站的计算机屏幕上可立即显示该车的位置、时间和运行轨迹等车辆信息，为救援提供决策依据。

② 调度功能。由于 GPS 系统可以在全球范围内、全天候地得到物体的位置、速度、时

间等信息，并且可以在中心电子地图上实时显示移动目标的位置和速度，再加上可与移动目标进行数据双向通信，因而具有很强的指挥调度功能。

(3) 车载入侵报警系统

① 入侵报警系统是采用物理方法与电子技术，由前端的报警探测器自动探测发生在布防检测区域的入侵行为，产生报警信号，并将发生报警的区域部位向值班人员提示和显示的系统。

② 入侵报警系统的基本结构有两种形式。一种是独立和专门的报警系统，由报警探测器、报警控制主机和报警监控中心三级组成；另一种则是属于视频安防监控系统或门禁控制系统，报警探测器的输出信号被送往视频安防监控系统或门禁监控系统，由它们完成对报警信号的接收、处理、复核、联动和上传。这实际上实现了报警系统与视频安防监控系统的集成或报警系统与门禁控制系统的集成。

③ 入侵报警系统的使用环境。一是室外周围。根据纵深防护体系的要求，首先在建筑物或园区周边，除了采用实体防护的栏杆以外，主要由红外对射、激光对射、电子红外栏杆、泄露电缆和电子围栏等构成。当发生非法入侵时发出报警信号，它是保障建筑物、车辆安全及正常运行的第一道屏障。二是室内重点防护区域。在需要重点防护的防护区、禁区、根据防护级别和防护要求，通过设置被动红外、微波入侵报警探测器、玻璃破碎探测器、方向式幕帘红外探测器、振动入侵探测器、微波入侵探测器和紧急按钮等构成的报警系统，来实现防护区、禁区的报警防护。

2. 北斗定位系统

(1) 北斗定位系统的优势

北斗卫星导航系统［BeiDou（COMPASS）Navigation Satellite System］是中国正在实施的自主发展、独立运行的全球卫星导航系统。北斗应用有五大优势。

① 它同时具备定位与通讯功能，不需要其他通讯系统支持；

② 覆盖范围大，没有通讯盲区。北斗系统覆盖了中国及周边国家和地区，不仅可为中国、也可为周边国家服务；

③ 特别适合于集团用户大范围监控管理和数据采集用户数据传输应用；

④ 融合北斗导航定位系统和卫星增强系统两大资源，因此也可利用 GPS 使之应用更加丰富；

⑤ 自主系统，安全、可靠、稳定，保密性强，适合关键部门应用。

(2) 北斗定位系统的特点

北斗导航定位系统是自主研发的全球四大导航之一，此系统主要是由空间端、地面端和用户端三部分组成。空间端主要有 5 颗静止轨道卫星和 30 颗非静止轨道卫星。地面端主要包括主控站和注入站以及监测站等若干个地面站。简单来说，卫星导航技术主要是利用一组导航卫星，来对地面、海洋和空间用户进行精准的定位。北斗导航定位系统具有以下特点。

① 快速定位。北斗导航定位系统可为服务区域内用户提供全天候、高精度、快速实时定位服务。

② 简短报文通信。北斗导航定位系统用户终端具有双向短报文通信能力。

③ 精密授时。北斗导航定位系统具有单向和双向两种授时功能，可提供数十纳秒级的时间同步精度。也就是说，北斗导航定位系统可以在服务区域内任何时间、任何地点，为用户确定其所在的地理经纬度和海拔高度，并提供双向短报文通信和精密授时服务。

3. GPS 与北斗卫星定位系统的性能对比

（1）定位原理

现在北斗系统采用广播发射，具有与 GPS 系统一样的隐蔽性，只接受信号就能解算，因此北斗系统完成后不但拥有全天候，不受任何天气的影响性能，部分特殊用户，用户端还能发射信号，这是美国 GPS 系统没有的。用户可以自主选择是否把位置信息给需要关注的人，这具有很大的经济社会价值，比如航海运输、渔船的海上联络、抢险救灾等。这都是 GPS 系统无法满足的。北斗系统用户端可以有发射信号与不发射信号的两种机型，这样就可以增加客户量，满足不同客户需要。

（2）覆盖范围

北斗导航系统覆盖亚太导航系统。北斗导航系统是在地球赤道平面上设置 2 颗地球同步卫星，卫星的赤道角距约 60°，2020 年系统完成后将覆盖全球。GPS 是覆盖全球的全天候导航系统，能够确保地球上任何地点、任何时间能同时观测到 9 颗左右卫星。GPS 是在 6 个轨道设置 24 颗卫星。

（3）精度对比

北斗导航系统定位精度约 10 米，测速精度 0.2 米/秒，授时精度 10 纳秒。随着发射卫星的增多，定位精度会越来越高，我国关键定位领域不再受美国定位系统的掌控。GPS 的 C/A 码目前精度为 12 米，授时精度目前约 20 纳秒，三维定位精度目前精度为 6 米。

相关链接

北斗导航系统和美国的 GPS 的区别

（1）覆盖范围

北斗定位系统是覆盖中国本土的区域导航系统。覆盖范围东经 70°～140°，北纬 5°～55°。GPS 是覆盖全球的全天候定位系统，能够确保地球上任何地点、任何时间能同时观测到 6～9 颗卫星（实际上最多能观测到 11 颗）。

（2）卫星数量和轨道特性

2015 年 7 月 25 日中国成功发射两颗北斗导航卫星，使北斗导航系统的卫星总数增加到 19 枚，2016 年 6 月 12 日，第二十三颗北斗导航卫星发射成功。GPS 是在 6 个轨道平面上设置 24 颗卫星，轨道赤道倾角 55°，轨道面赤道角距 60°。

（3）定位精度

北斗定位系统三维定位精度约 10 米，授时精度约 10 纳秒。GPS 三维定位精度 P 码目前已由 16 米提高到 6 米，C/A 码目前已由 25～100 米提高到 12 米，授时精度目前约 20 纳秒。

二、注意事项

（1）合理输入导航地点。

（2）学会绕开拥堵路段。

（3）在驾驶车辆前，先确保 GPS 要定点定位。定位时要尽量远离高山、高楼、高物等对卫星有阻挡的地方。

（4）不要靠近会产生强烈无线电波或放射线场所使用设备。

(5) 不要使用化学试剂或清洁试剂清洁导航仪，这样会损伤机器表面和腐蚀漆面。
(6) 不要用力按压 LCD 屏幕和长时间暴露在太阳光下，否则很容易导致设备故障。
(7) 在格式化或者上传下载过程中不要突然断开连接，否则可能导致程序出错。
(8) 避免数据丢失的风险，经常备份数据到电脑上。

技能要求

一、工作名称

操作车载技防设备进行安全防范。

二、工作准备

检查线路是否有断掉、车载摄像头、麦克风有无遮挡。

三、工作程序

(1) 押运交通工具到达运营网点后，押运组长发送"装钞"状态，并通过 800 兆数字电台向指挥中心报台。

(2) 待客户业务员走出网点后，在车组人员的护卫下，客户业务员或提箱员装款箱，押运组长及时利用遥控器进行"撤、布防"。

(3) 交接完毕后，下令登车。

(4) 押运组长利用定位系统发送"运钞"状态，并通过 800 兆数字电台向指挥中心报台，然后指挥车辆向下一目标行进。

(5) "卸钞"的工作流程同"装钞"的工作流程。

学习单元 4　武装押运勤务中的突发事件处置

学习目标

(1) 掌握武装押运勤务中的突发事件应急处置原则和方法；
(2) 能够正确、及时处置押运勤务中的突发事件。

知识要求

一、武装押运勤务中突发事件应急处置原则

在执行武装押运护送任务的过程中，由于人为或自然因素的作用，经常会遇到各种突发事件和紧急情况，对这些事件和情况的及时妥善处理，是完成武装押运任务、确保武装押运对象安全的重要环节，突发事件应急处置应遵循以下原则。

1. 合法性原则

在处理押运紧急情况时，必须符合法律规定，坚持依法办事，一切武装押运活动都必须以法律为依据，维护法律的尊严，做到知法、懂法、守法。

2. 安全性原则

在处理押运紧急情况时，必须以确保人身、客户财物安全为最高标准，安全不仅是企业的信誉，也是企业的生命，在处理押运紧急情况时要时刻提高警惕，保障安全。

3. 保全证据原则

在处理押运紧急情况时，涉及到治安案件或刑事案件，押运人员的行为或动作都可能影响到犯罪证据的存在与毁灭，必须以保全案件现场证据为根本原则。这不仅是押运人员的责任，也是押运人员的任务。

4. 抢救人命原则

在处理押运紧急情况时，如遇到现场人员生命垂危，要尽一切力量抢救人命。这不仅是因为人的生命高于一切，而且只有救活了亲眼目睹事情经过的人，才有可能对整个事发过程做全面了解，真正弄清事件过程的真相。

5. 减少损失的原则

押运勤务在遇紧急情况事件时，一旦造成人身或财物损失，要坚持尽量减少损失的原则，即将紧急事件中的人员伤亡、物质损失降至最低限度。这不仅是对客户负责，更是对国家及人民生命财产负责，客观上也维护了保安服务公司的形象、信誉和物质利益。

6. 说服教育的原则

在处理押运勤务紧急事件情况时，如遇到犯罪分子企图犯罪或其他矛盾纠纷事件时，押运人员应采用一定策略，避免不必要的伤害，用非暴力手段，以说服教育的方式改变犯罪分子违法犯罪的态度、行为，以达到预期目的。说服教育是影响犯罪或处理矛盾纠纷的重要途径和方法，进行有效说服对于保障押运人身、财物安全具有重要的意义。

二、武装押运勤务中突发事件应急处置方法

1. 对抢劫情况的处置方法

（1）发现抢劫情况时，押运保安员立即提醒全车人员高度警惕，保持冷静，不要慌乱，并向其从业单位指挥中心和公安机关报警。

（2）任何人不得打开车门和下车，运钞车拉响报警器或长鸣喇叭，加速行驶，冲开或绕开障碍物，尽快驶离现场。

（3）根据《专职守护押运人员枪支使用管理条例》（国务院令第 356 号）第六条的规定，专职守护、押运人员执行守护押运任务时，遇有下列紧急情形之一，不使用枪支不足以制止暴力犯罪行为的，可以使用枪支：

① 守护目标、押运物品受到暴力袭击或者有受到暴力袭击的紧迫危险的；

② 专职守护、押运人员受到暴力袭击危及生命安全或者所携带的枪支弹药受到抢夺、抢劫的。

（4）根据《专职守护押运人员枪支使用管理条例》（国务院令第 356 号）第七条的规定，专职守护、押运人员遇有下列情形之一的，应当立即停止使用枪支：

① 有关行为人停止实施暴力犯罪行为的；
② 有关行为人失去继续实施暴力犯罪行为能力的。

2. 对火灾情况的处置方法

（1）发现火情应迅速采取一切有效措施扑救，以最大限度地减少火灾造成的损失。

（2）如果火势蔓延或扩大，无法控制时，应执行抢救人命的原则，切勿慌乱，在尽力扑救的同时，向指挥中心报告和向"110""119"报警，以求得援助。

（3）在孤立无援的情况下，尽可能地将运钞车驶向路边，停靠在不妨碍交通的地带或路段进行补救或等待救援。

（4）如果条件限制，补救无效或确有困难，应迅速组织人员尽可能地抢救车内款箱和物品，将损失降至最低限度，并做好现场保护和警戒，防止坏人趁火打劫。

3. 遇到可疑情况的处置方法

（1）武装押运保安员提示全车人员保持高度警惕，沉着、冷静、密切注意动向。

（2）加快车速绕开可疑点或甩掉尾随可疑车辆。

（3）武装押运保安员枪握手中，随时处置突发事件。

（4）武装押运保安员通过车载通讯，随时向指挥中心报告事态变化的情况。

4. 车辆故障、交通事故应急处置方法

（1）当车辆发生故障或交通事故时，押运保安员要沉着冷静，在第一时间向指挥中心报告或向公安机关报警，并将情况通知客户单位指定联系人。

（2）报告时应详细说清故障或事故的车辆牌号、发生地点、简要过程、车组人员及对方情况。

（3）指挥中心接到报告后应及时向值班领导报告，根据需要派出备勤车辆和备勤人员，抽调临近备勤车辆及备勤人员，备勤人员接到通知后，应按要求立即组织力量赶往现场。

（4）重大事故指挥中心接到报告后，应及时向相关领导和部门报告，按要求组织力量赶往现场处理后续事宜。

（5）如支援力量未到现场而故障、事故车辆已能正常运行，应立即报告指挥中心，并继续执行余下的武装押运任务。

（6）如支援力量到现场而故障、事故车辆仍不能正常执行武装押运任务，带队人员应立即将其情况报指挥中心，同时与故障、事故车保安人员共同组织现场人员将钞箱转移到支援车上，转移过程中保安押运员应负责警戒，确保安全。

（7）指挥中心接到支援车牌号及支援人员工号、姓名的报告后，立即通知客户单位指定联系人，请对方做好准备。

5. 运钞途中与群众发生纠纷遭到围攻时的处置方法

（1）所有武装押运保安员要耐心冷静、刚柔并济、化解矛盾、确保安全。

（2）立即停车，但车辆不得熄火，武装押运保安员迅速向指挥中心报告，必要时向公安机关报警，寻求帮助。

（3）武装押运保安员要提醒队员提高警惕，做好应急准备；并请示指挥中心同意后下车（不得携带枪支）向围观群众了解情况，处理问题；其他人员应当锁闭车门坚守车辆，按照分工实施警戒、观察，防止意外发生。

（4）若事态进一步恶化，应当再次报告指挥中心和向公安机关报警，等待处理；押运保安员用扩音喇叭向围观人员讲明利害关系，劝其不要围观。

（5）公安民警和从业单位管理人员到达现场后，向围观群众讲明情况，首先让运钞车驶离现场，继续完成运钞任务；公安民警和从业单位管理人员留在现场处理后续事宜。

6. 运钞途中因交通堵塞，被迫停驶时间过长时的处置方法

（1）武装押运保安员下车与交通管理人员联系，说明情况，以求尽快通过。

（2）武装押运保安员要做好各种情况的应变准备。

（3）在车辆未通过之前，一定要做到人不离车，枪不离手。

（4）武装押运保安员应及时将情况向指挥中心报告，或请示是否改道。

（5）指挥中心立即通知客户单位指定联系人，说明情况。

7. 运钞途中遇到有人强行搭车时的处置方法

（1）在保安押运员的指挥下，迅速绕道通过。

（2）不能通过时可以停车，但不准熄火。

（3）婉言相劝，并发出口头警告，口头警告无效时，可鸣枪警告，见机迅速驶离。

（4）及时向指挥中心汇报。

8. 运钞途中遇到恶劣天气时的处置方法

（1）驾驶员要集中精力谨慎驾驶车辆，确保行车安全。

（2）在市区要服从交警的指挥。

（3）如遇到泥泞道路或特大暴风雪，必要时给车辆加装防滑链，注意行车安全。

（4）遇到大雾天气时应打开应急灯，根据能见度情况调整车速，要加倍提高警惕。

9. 运钞途中遇到公安机关、公路监理人员检查或交通管制时的处置方法

（1）停车时车辆不得熄火，不开车门，人员不得下车，押运保安员通过射击口或放下车窗玻璃向检查人员出示有效证件，验明双方身份后，礼貌解释，接受检查。

（2）不允许检查人员上车检查，确需上车检查的，押运保安员应迅速向指挥中心汇报，接受检查或经批准改变行车线路。

（3）接受上车检查的，应通知从业单位领导和该车物资所属银行保卫部门人员到场后进行检查；如遇对方强行上车检查时，押运保安员要及时向指挥中心报告，并指挥驾驶员迅速驶离现场。

（4）停车检查期间，押运保安员要提醒车组人员提高警惕，密切注视四周情况，押运保安员要持枪警戒，进入临战状态，以防有诈。

（5）必要时，应及时报警。

10. 有人闯入安全警戒区域时的处置方法

（1）有人闯入安全警戒区域，押运保安员应出示停止手势，劝其绕道而行；劝阻时态度要和蔼，语言要文明。

（2）当业务员打开运钞车尾箱门时，押运保安员发现可疑情况，应立即通知业务员锁定尾箱门，暂停上、下款，押运保安员进入临战状态，打开枪机保险，严密观察，注意其动向，判明情况，分清性质。及时向指挥中心汇报情况，必要时报警。

（3）当可疑人员不听劝阻，无理取闹，强行靠近运钞车警戒区域时，应立即制止，责令其离开；若可疑人员不听劝阻，并从身上掏拿器械，或对押运保安员人身和银行资金构成威胁时，押运保安员要果断处置，当场制服，阻止可疑人员的行为。

（4）押运保安员及时向公安机关报警和指挥中心报告，等待公安民警到达现场处理。

> **技能要求**

一、工作名称

武装押运勤务中的突发事件处置。

二、工作准备

（1）熟练掌握押运勤务中突发事件处置的各类预案及处置方法。
（2）定期进行演练，提高突发事件处置能力。

三、工作程序

（1）先期处置

武装押运中发生紧急情况，在立即报警报告的同时，要根据紧急情况的性质和紧急程序，先期进行处置。如遇持枪或持凶器歹徒欲袭击押运保安员实施抢劫，押运保安员应在判明情况的前提下果断还击歹徒，不能等待报告请示，以防贻误战机，遭受损失。

（2）迅速报警

押运中发生危及保安员及财物安全的紧急情况，押运保安员应立即启动全球卫星定位报警系统或用其他通信工具果断报警，并向保安从业单位或基地指挥中心报告。

（3）应急响应

当地公安机关及各押运应急部门，在接到报警和报告发生紧急情况后，要立即组织力量，采取紧急措施，赶赴出事地点进行救援、追捕罪犯、抢救伤员等。

（4）善后处理

紧急情况处置结束后，押运保安员要注意保护好发生紧急事件的现场，保全证据，并向现场目击者收集现场发生的情况信息，提供给公安机关，在公安机关未勘验现场或未勘验完毕前，押运保安员不得擅自撤离现场。

（5）报告

押运保安员要将紧急情况的处置结果向从业单位报告，保安从业单位要及时向公安机关报告处置结果。

第二节　武装守护

学习单元1　武装守护对象警戒

> **学习目标**

（1）熟悉武装守护基础知识；

(2) 掌握武装守护操作规程；

(3) 能够规范、熟练的对武装守护对象进行警戒。

知识要求

一、武装守护基础知识

武装守护是指依法批准为保安员配备公务用枪，为特定目标提供专职守护的一种保安服务形式。

1. 保安武装守护的概念

保安武装守护是指经省、自治区和直辖市人民政府公安机关批准从事武装守护从业单位，依法为保安员配备公务用枪，在军工、金融系统、国家重要仓储等单位提供的守护服务形式。

2. 保安武装守护的特点

保安武装守护与一般守护相比较，其作用和地位显得特别重要。如军工企业及其科研机构，集中了国防尖端科学技术和最高科研成果，反映了我国国防装备水平和战略方向；银行等金融机构，在国民经济中发挥着越来越重要的调节和枢纽作用；电力行业是国民经济的先行基础产业，现代工业、农业、国防、交通运输、科研乃至人们的日常生活，一刻也离不开电力供应。这都说明保安武装守护对所在地区甚至全国的宏观调控和人民生活有着重大影响，关系到国计民生，而且涉及国家安全和公共安全。一旦发生安全问题，后果难以设想。

上述一切，决定了武装守护的特点：目标固定，部署分散、隶属关系多，不便联系协同、情况复杂、技术性强、安全要求高，责任重大、难以控制，任务繁重。

武装守护保安员了解和掌握安全服务对象的特点，有利于增强保安服务工作的责任心；有利于落实各项安全保卫措施；有利于严格履行保安服务的职责；有利于完成各项保安工作任务。

3. 保安武装守护的任务及要求

保安武装守护的任务是确保守护目标的安全，防止违法犯罪分子的破坏活动，协助服务单位维护守护区域的秩序，预防和处置可能危害守护目标的事故与灾害。

(1) 确保守护目标的安全，防止违法犯罪分子的破坏活动

保安员在武装守护勤务中，既要防止发生盗窃和抢劫等涉及经济方面的违法犯罪活动，又要防止发生窃密和破坏等刑事案件；既要防止外来人员作案，又要防止守护目标内部人员的不法行为，全面做好各种违法犯罪活动的预防工作，保障守护目标的安全。

(2) 协助客户单位维护守护区域的秩序

守护目标区域内的正常秩序，是守护目标安全的基本保障，也是客户单位顺利进行生产、科研和工作的重要条件。武装守护保安员应当及时发现和协助服务单位妥善处置守护目标区域内的各种扰乱、妨碍和影响正常秩序的不良行为，包括单位职工对问题处理不满的过激行为和单位内的群体性事件等。

(3) 预防和处置可能危害守护目标安全的灾害事故

武装守护的一些重点单位，往往存有爆炸性、易燃性、放射性、腐蚀性等危险物品和传

染性菌种、毒种以及武器弹药。对此，如果安全管理缺失，就会引发火灾、爆炸和放射性污染等治安灾害事故，危及服务目标甚至社会的安全。因此，武装守护保安员应当落实各项预防事故的措施，坚持"人防"与"技防"相结合，及时发现、消除事故隐患或不安全因素。如果一旦发生治安灾害事故，保安武装守护保安员应当按照紧急预案的要求，积极应对，协助客户单位处理灾害事故，以减少其危害。

4. 保安武装守护的原则

武装守护保安员在执行武装守护勤务时，要坚持重点防守，严密控制；灵活机动，方便群众；严守政策，区别对待；文明处事，礼貌待人的原则，认真履行职责，确保守护目标的安全。

（1）重点防守，严密控制

重点防守，就是指武装守护要抓住重点开展安全防范工作，把保护服务单位领导和职工的人身安全放在首位，把容易发生案件和灾害事故的场所、部位以及可能危害守护目标安全的人员作为防范的重点，加以密切关注，实施严密控制，以保障安全。

（2）灵活机动，方便群众

武装守护既要坚持原则，严格执行服务单位的各项安全管理规章制度，严格依法办事，又要灵活机智对待和处理一些非原则性的事项，以方便群众的生活和工作，做到原则性与灵活性相结合。

（3）严守政策，区别对待

从目前实际情况来看，武装守护目标基本上都是国有企事业单位和国家行政机关，这些单位的情况不尽相同。为了规范管理，国家根据这些单位的不同性质、不同情况，分别制定了一些相应政策。武装守护必须严格执行涉及服务单位的有关政策规定，对待和处理有关安全事项时，应当分别不同情况，予以区别对待。切不可简单粗暴或者感情用事，置相关政策规定于不顾。

（4）文明处事，礼貌待人

言谈举止文明有礼是武装守护保安员基本素质的重要体现。只有具备这一素质，才能在日常工作中恰当地处理问题。即使是遇到蛮不讲理的人，也要主动友善地缓和矛盾，从而赢得对方及周围群众的理解和支持。得体的举止也是守护保安员必备的基本素质之一，着装整洁、姿态端正、动作标准、面部表情和蔼、动作语言一致都是一名合格守护保安员的基本体现。

二、武装守护操作规程

1. 武装守护操作规程的内容

武装守护操作规程应根据中华人民共和国公安部发布的《保安服务操作规程与质量控制》（GA/594—2006）中的规定内容实施，但该操作规程尚未对"武装守护服务"进行释义，因此，根据相关要求和实际情况，保安从业单位从事武装守护服务工作，应符合下列操作规程的要求：

（1）上岗前的准备；

（2）实施武装守护任务；

（3）处置紧急情况；

（4）制定武装守护勤务制度及对保安员岗位要求等内容。

2. 保安武装守护操作规程

保安武装守护从业单位要根据公安部《保安服务操作规程与质量控制》行业标准，结合当地及本企业实际情况制定《武装守护操作规程》。制定操作规程的主要内容，应包括两个阶段内容。

（1）武装守护任务的准备

为了顺利、圆满地完成武装守护任务，武装守护保安员要按规定着制式服装、佩戴证件，熟悉本公司相关部门制定的守护勤务方案，了解相关知识，尤其是危险物品的性能知识，排除与执勤无关的一切事项，领取勤务所需的武器装备，准备执勤。

（2）武装守护任务的实施

① 警戒哨位部署。在武装守护过程中，保安守护哨位要选择便于观察控制，又有利于进攻防守的位置。每个哨位的保安力量，可以根据守卫物品放置的区域、周边环境、物资的性质和数量等情况区别对待，灵活掌握。要按照目标守护方案确定的岗位设置要求，在目标部位周边及固定位置设置相应的固定岗、流动岗和瞭望岗，并根据实际需要确定是否采取安全技术防范等措施进行守护。

② 紧急情况应对。当武装守护保安员和守护目标遇到暴力袭击或处于紧迫危险情况时，应按照应急预案程序操作。

③ 治安隐患处置。保安员在守护过程中，发现目标区域内存在治安隐患，要报告服务单位，及时采取有效措施，确保守护目标安全。

3. 保安武装守护管理制度

保安武装守护管理制度主要有：请示报告制度、武器管理制度、保密制度和奖惩制度等。具体制度内容，参见第一节保安武装押运管理制度。

技能要求

一、工作名称

武装守护对象警戒。

二、工作准备

1. 出勤准备

（1）按规定着装，佩戴保安标志。

（2）携带并检查规定使用的枪弹、通信、照明等保安装备，确保其性能良好。

（3）备好守护勤务使用的登记簿等用品。

2. 枪弹准备

（1）验枪（见第二章第一节学习单元1中验枪相关内容）

（2）装弹

18.4mm防暴枪装子弹时，扳机保险必须处于关闭状态，将枪身反转，枪口保持向下成45°，左手握枪机匣上部，枪托贴于腋下，右手持弹，每次必须手持一发子弹，将子弹从输弹器口依次装入弹仓，用右手大拇指顶住子弹后部，用力上推，依次把五发子弹装完。

(3) 持枪规范

装弹完毕后，武装守护保安员统一将枪口朝下背于右肩。警戒时，将枪口略微下压（基本成向下 30°），枪托顶住右肩，随时准备射击（见图 2-13）。

图 2-13　武装守护持枪警戒

在武装守护人员和守护目标没有受到暴力袭击或处于紧迫危险情况时，严禁在武装守护勤务工作中子弹上膛、打开扳机保险或进行空击发。

三、工作程序

(1) 严格检查进出守护区域人员、车辆的有关证件、手续以及所携带物品等。

(2) 指挥、疏导出入目标部位的车辆，清理无关人员。

(3) 按照规定的要求进行巡回检查：一是要按照指定的路线进行；二是要按规定的频率进行。

(4) 发现并消除治安隐患。

学习单元 2　辨识和排除武装守护中的安全隐患

学习目标

(1) 掌握武装守护中常见的安全隐患检查和排除方法；

(2) 能够正确、及时辨识和排除武装守护中的安全隐患。

知识要求

一、武装守护常见安全隐患检查

1. 安全隐患的含义

安全隐患是伴随着人们从事各种生产活动而产生的一种潜在的危险，是物质危险因素与管理缺陷共同存在的一种不安全状态,即物质危险因素＋管理缺陷＝安全隐患。安全隐患只是一种危险状态,还不是安全事故或案件。

但是,如果不能及时发现和消除安全隐患,一旦遇到人的不安全行为(如违规操作、破坏行为等),安全隐患就会转化为案件或者治安灾害事故。

2. 保安武装守护常见安全隐患检查

武装守护保安员执勤中的不安全行为,主要是由于守护保安员警惕性不高、责任心不强,不能严格遵守守护勤务的各项规章制度和工作纪律,不按规定着装和携带各种守护装备,守护财物现场的警戒和戒备工作不严密,对客户单位参与守护的随行人员管理不严格等原因造成的。武装守护勤务中的这些不安全行为最可怕也最危险,必须坚决杜绝。

对于武装守护工作而言,物质危险因素是由守护财物的特性所决定的。守护财物的特性是其价值的贵重性(货币、有价证券、贵重仪器仪表、文物古玩等)、内容的保密性(机密文件及试卷)、失控的危害性(危险物品)。这些财物往往成为歹徒袭击的目标,有可能导致刑事案件和治安灾害事故及失密事件的发生。显然,这些物质危险因素是客观存在不可改变的,所以,要避免出现守护工作中的安全隐患,只有想方设法做好守护工作中的管理工作,才能防止出现管理缺陷。这就要求保安从业单位和客户单位制定严密、周全的"守护工作方案"。同时,保安从业单位应当严格执行《保安服务管理条例》,加大安全守护的经济投入,改善守护装备,加强对守护保安员的教育培训,特别是危险物品知识和防卫技能,提高他们的综合素质,尽量避免出现管理缺陷。

下面以盗窃、抢劫和火灾、爆炸安全隐患为例,来说明其检查方法。

(1) 盗窃、抢劫安全隐患检查

① 发现物防(门窗、围墙、隔离网等)、技防设施(报警、监控摄像头等)损坏或被破坏的。

② 发现有不明人员企图通过翻墙等不正当手段进入防护区域的。

③ 发现不明人员或车辆多次或长时间在守护区域附近逗留,形迹可疑的。

④ 某监控区域画面突然发生异常的。

⑤ 突然发生停电或通讯中断等异常情况的。

⑥ 其他异常情况,可能造成对守护目标不法侵害的。

(2) 火灾、爆炸安全隐患检查

① 发现有危险品违规存放,明火违规使用,电器违规操作,电线乱拉乱接现象的。

② 闻到空气中有异常气味的。

③ 发现守护区域内有冒烟现象的。

二、保安武装守护常见安全隐患排除方法

由于武装守护中的安全隐患种类繁多,教材不可能在有限的篇幅中全部阐述,因此以最常见、具有代表性的盗窃、抢劫和火灾、爆炸安全隐患为例,来分别说明其排除方法。

1. 盗窃、抢劫安全隐患排除

针对盗窃、抢劫安全隐患情况,守护保安员应按照规定进行防范。

(1) 警戒。加强警惕，进入实战状态，以防发生盗窃、抢劫等案件。
(2) 报告。守护保安员应立即报告本单位和客户单位的相关领导。
(3) 监视勘察。密切监视，经上级同意后，组织人员着防护用具，携带枪弹到现场进行异常情况的处置，并保证通信畅通。
(4) 报警或盘问警告。发现有不明人员闯入守护区域的，立即报警并按预案进行处置。对多次或长时间在守护区域附近逗留的不明人员或车辆，要进行盘问，礼貌警告其离开守护区域附近。

2. 火灾、爆炸安全隐患排除

针对火灾、爆炸安全隐患情况，守护保安员应根据不同情况按照规定进行防范。
(1) 报告。守护保安员应立即报告客户单位和本单位的相关领导。
(2) 制止。坚决制止违规现象并督促及时整改，对劝阻不听的，立即报告客户单位予以解决。
(3) 现场勘察。组织人员着防护用具，在守护区域内进行检查消除安全隐患，并保证通信畅通。
(4) 做好准备。发现异常情况，要组织人员做好灭火和报警准备。
(5) 加强警戒。要防止一旦出现火灾、爆炸，犯罪分子乘虚而入。

技能要求

一、工作名称

辨识和排除武装守护中的安全隐患。

二、工作准备

(1) 树立隐患意识，提高安全素质。
(2) 加大教育与培训。
(3) 制订严密而周全的守护方案。
(4) 加强对安全隐患的管理。

三、工作程序

1. 要坚持经常检查

只有经常进行安全检查，才能不断督促守护保安员增加安全防范意识，提高抵御不法侵害的技能与能力，定期检查物防、技防设施，设置的技防设施一定要开启，处于运行状态。

2. 要深入细致检查

武装守护的检查一定要深入细致，不留死角。不仅要检查物防、技防设施是否按要求设置，已经设置的是否达到要求标准，是否有人维护和管理，使之处于良好状态并按规定开启，还要检查该建立的安全规章制度和应采取的安全防范措施是否健全并落实，守护保安员的安全防范意识，抵御不法侵害的技能和能力等。这样才能把所有的隐患、不足、漏洞查找出来，才便于采取措施，消除、堵塞、改正所有的隐患与漏洞，确保安全。

3. 要定期内部检查

注意发现有不良行为的人员，应作为安全检查的一大重点，一旦发现行为隐患应严密控制。员工染有不良行为往往是较大安全隐患，应尽快调离其岗位，加强对员工的思想和职业道德教育，必要时谈话提醒。

4. 发现安全隐患，要及时督促整改

检查出来的隐患不整改等于没检查，整改未达标的等于没整改；未检查出安全隐患是失职，检查出来的隐患不督促整改亦是失职。

5. 实行责任制和责任追究制

严格倒查，追究因安全检查不力、检查出来隐患不督促或不整改、整改不达标而发生案件的检查者和单位责任。

学习单元 3　武装守护中的突发事件处置

学习目标

（1）掌握武装守护中突发事件处置原则和方法；
（2）能够正确、及时处置武装守护中的突发事件。

知识要求

一、武装守护中的突发事件处置原则

当前的社会治安状况，针对犯罪分子抢劫守护物品日渐增多的现状，守护区域内安全突发事件仍时有发生（从客观上来讲也是在所难免）。究其原因，防范皆为被动，而安全突发事件的发生却往往是事前难以预料或控制的。武装守护保安员在执行守护任务，遇紧急突发事件情况时，真正做到依法、安全、规范地处置这些紧急事件，应注意把握好以下几个方面的原则。

1. 依法处置，安全第一

无论处理什么样的紧急情况，保安守护人员应当坚持依法办事，即使对行凶歹徒实施的正当防卫，也应当纳入法制轨道。在歹徒停止暴力犯罪后，不得故意伤害其人身安全，抓获的违法犯罪人员，不得私自关押、审讯和处理，应当扭送或者报告公安机关依法惩处。

处理突发事件应以不造成新的损失为前提，不能因急于处理，而不顾后果，造成更大的且不必要的人身、财产损失。守护保安员应当尽力维护守护目标的安全，同时注意自我保护，避免不必要的伤亡。尤其是在明显处于劣势的情形下，应当智斗歹徒，制止其不法行为，切不可盲目行事。即使在奋不顾身勇斗凶手时，也应当用好防卫器具，减少自身受到不法伤害。

2. 抢救生命，减少损失

紧急情况发生时，如果现场有人受伤，守护保安员应当首先全力救助伤者，抢救生命为首要任务。这不仅是因为生命的无价，还因为救助了现场的当事者，有利于迅速查清事实真相，依法进行处理。

遇到紧急情况，损失是难以避免的，但是，本着对客户负责的原则，守护保安员应当尽可能地努力减少损失，把紧急情况处置中的人员伤亡和经济损失降到最低限度。这既是对客户的负责，也是维护保安公司的形象、信誉和利益。

3. 统一指挥，服从命令

突发事件发生后应由一名管理人员（一般以当值最高级别的管理人员为佳）做好统一的现场指挥，安排调度，以免出现"多头领导"，造成混乱。

当事工作人员应无条件服从现场指挥人员的命令，按要求采取相应的应急措施。

4. 主动出击，灵活处理

突发事件发生时，守护保安员不能以消极和推脱甚至是回避的态度来对待，这无疑是在"雪上加霜"，这也必将为自己"不作为"而付出代价。故此时应主动出击，直面矛盾，及时处理，敢于承担相应责任。

对待突发事件，应具体问题具体分析。即使已有预案规定，如果具体情况发生变化，也应摆脱预案束缚，及时做出相应的调整。

二、武装守护中突发事件的处置方法

1. 盗窃目标部位财物的处置方法

（1）歹徒正在实施盗窃作案时，守护保安员应当马上报警，并应当立即制止，将其扭送到公安机关惩处（途中应当防止歹徒逃跑和行凶），或将歹徒控制在室内。

（2）歹徒盗窃作案后正在逃离现场，负责守护的保安员应当马上报警，流动岗保安员应当立即追捕。必要时，应当及时通知门卫，并号召附近的群众围堵歹徒。如果未能抓获歹徒，及时向警方提供歹徒的体貌特征，协助破案，同时保护好案件现场。

（3）发现目标部位的财物已被盗走时，守护保安员应当立即报警，并且保护好现场，禁止无关人员入内。同时，加强出入口的控制，注意发现作案可疑人员和可疑物品。

2. 抢劫目标部位财物的处置方法

（1）歹徒抢劫守护目标财物时，守护保安员应当坚决予以制止，尽力将其制服，控制在室内，报告公安机关处理。

（2）如果抢劫作案的歹徒正在逃跑，流动岗保安员应当立即追捕，并通知门卫协助，迅速封锁出入口通道，进行围堵。

（3）如果歹徒结伙作案或是持枪、持凶器和持爆炸物实施抢劫，守护保安员不要轻易抓捕，以防受到不法伤害，而应当立即报警，或者发出求救信号，请求客户单位的保卫组织和公安机关处置。

3. 目标部位发生火灾的处置方法

（1）迅速报警。报警时，应当向消防部门讲清发生火灾的单位、地点和着火物品等情况。单位位置偏僻的，应当派人在路口引导消防车进入现场灭火。

(2) 奋力灭火。迅速切断电源，关闭可燃气体开关，将易燃易爆物品撤离起火现场。如果火场内有人，应当首先引导他们撤离火场，同时积极有效地使用灭火器材，扑灭初起之火。附近有群众的，应当大声呼喊求助扑灭火灾。

(3) 严格控制目标部位出入口通道，维护好火场秩序，防止坏人趁火打劫。

(4) 协助做好火灾扑灭后的善后工作。积极向消防部门反映有关情况，为查明火灾的原因提供信息。

4. 危险物品泄漏、发生辐射事故的处置方法

(1) 迅速报告相关部门。发生危险物品泄漏和辐射事故时，守护保安员应当迅速报告公安机关、环保和安全生产管理等部门，请求公安机关和专业人员到现场进行处置。如果守护保安员具备相关知识和能力，应当根据现场具体情况，尽可能采取排险措施，阻止灾害的继续发展。

(2) 注意自我保护。处置毒气、毒液泄漏或放射性物质辐射事故时，现场的守护保安员应当穿着隔离服，戴上防毒面具或者按要求采取防毒害和防辐射措施。同时，应当提醒进入现场的其他人员采取防毒害和防辐射措施。

(3) 维护好现场秩序。守护保安员应当加强目标部位出入口通道的控制，必要时，可以封闭现场、疏散群众，努力维护好现场秩序，加强对目标部位的安全保卫，防止违法歹徒乘机打劫，制造事端。

(4) 积极抢救伤者。对于现场受伤的人员，应当及时采取有效急救措施，尽量减轻伤害后果。

5. 其他紧急情况的处置方法

(1) 对不法侵害情况的处置方法

① 若守护中遇到盗窃、抢劫、哄抢守护财物时，守护保安员应当按照守护预案的要求处置，并立即报警。具体的处置方法应当根据具体的情况来确定。

② 当不法之徒正在实施盗窃、抢劫行为时，保安员应当立即加以制止，同时设法抓获作案人，将其扭送或者报告事发地的公安机关处理。在抓捕过程中，保安员应当注意自我保护。

③ 如果歹徒行凶拒捕，保安员应当实施正当防卫。如果未能抓获歹徒，应当记住他们的体貌特征，迅速报告公安机关，并且保护好现场，为公安机关获取歹徒有关信息提供方便，以便将其捉拿归案。

(2) 对可疑情况的处置方法

① 在守护过程中，发现可疑人员（如在守护财物的附近探头探脑、指手画脚、交头接耳等）时，守护保安员应当引起高度警戒，严加防范，密切监视其动向，做好应急准备，及时向本单位报告，必要时可报警求助，以防发生意外。

② 哄抢是较多人员参与抢夺财物的不法行为，而守护保安员数量往往较少，难以及时制止。应当在紧急报警求助的同时，竭力保护守护财物的安全。守护保安员还可以灵活应变，虚张声势，假装接到警方的电话，故意大声回答，表示警察已到附近，让哄抢人听到，借警方的威慑力吓走他们，为自己解围。

(3) 对守护财物丢失情况的处置方法

如果守护过程中，发生守护财物丢失的情况，应当立即报警，并及时向本单位报告，说明情况。

（4）突然停电事故的处置方法

① 立即启用应急灯，保证守护责任区内的照明。

② 严格控制出入口通道，必要时可以关闭大门。照明恢复以前，禁止人员和车辆进出。

③ 加强要害部门的守护，严禁无关人员靠近。

④ 迅速报告客户单位和有关部门领导，协助查明停电原因。

⑤ 提高警惕，谨防歹徒制造停电事故，调虎离山以实施作案。

（5）车辆强行闯岗的处置方法

① 当守护保安员发现进出目标部位的车辆拒不服从停车检查时，切不可上前强行阻拦，以防人身受到伤害，应当根据不同情况采用相应的处置办法。

② 当有车辆拒不接受门卫检查，直接驶入目标部位时，守护保安员应当记住其车型和牌号，然后立即上报，设法查找，弄清情况，以防发生意外。

③ 如果车辆从守护区域内驶出，拒绝停车接受检查，应当迅速报告上级领导，同时立刻报警，讲清车型、颜色和牌号等情况，请求公安机关交警队协助查控。

技能要求

一、工作名称

武装守护中的突发事件处置。

二、工作准备

（1）守护保安员应熟悉有关制度规定和出入证件样本。

（2）熟悉岗位周围的地形、地物及设施，熟悉应急设备的位置性能和使用方法。

（3）熟记与有关部门人员的联系方式。

（4）熟练掌握处置一般问题、紧急情况以及枪械使用方法。

三、工作程序

1. 及时报告

在发生突发事件时，立即向有关部门报告现场情况，请求支援，并封锁现场，做好警戒。

2. 组织处置

在遭遇自然灾害时，要根据突发事件的相关预案进行处理；情势较大无法处理的，应立即报警；在特殊情况下，为了确保守护物品的安全，要做好警戒，进行转移，并做好善后处理。

3. 保护现场

在发生突发事件时，在报警和制止的同时，要提示相关人员做好现场痕迹、物证的收集工作。

4. 信息收集与研判

在紧急情况得到控制后，要向目击人员了解紧急情况发生的原因、过程，并分析研判。

5. 准确汇报

在有关部门或者其他相关人员到达现场后，要将发生的紧急情况如实、准确地向有关人员报告，并将收集到的情况和现场痕迹、物证送交有关部门。

本章思考题

1. 保安武装押运的概念及特点。
2. 保安武装押运管理制度。
3. 危险品保安武装押运要求。
4. 与危险品运输有关的法律法规有哪些？
5. 举例说明，武装押运物品的交接手续与清点方法。
6. 车载入侵报警系统的使用环境。
7. 如何操作车载技防设备进行安全防范？
8. 简述武装押运勤务中突发事件的处置程序。
9. 保安武装守护的概念及特点。
10. 保安武装守护的任务及要求。
11. 保安武装守护对象警戒的操作步骤。
12. 举例说明，保安武装守护中常见安全隐患的检查和排除方法。
13. 保安武装守护中突发事件的处置原则。
14. 举例说明，保安武装守护中突发情况的处置方法。
15. 简述保安武装守护中突发事件处置操作步骤。

第三章
随身护卫

第一节 任务准备

随着社会发展和市场需求,商务活动中对随身护卫的需求越发凸显。随身护卫这一职业的出现,既带来新生产业的经济增长,也存在着一定的经营服务风险。如果不能正确把握行业规则,有可能造成重大安全事故,增加社会安全风险。因此,如何正确认识随身护卫工作的性质和任务,特别是如何正确认识随身护卫工作的规范要求和从业人员的基本职业素养,是本章研究论述的重点。

学习单元1 随身护卫任务相关信息的采集

学习目标

(1) 熟悉随身护卫基础知识;
(2) 掌握随身护卫基本信息采集规范;
(3) 能够正确地采集随身护卫任务相关信息。

知识要求

一、随身护卫基础知识

1. 随身护卫的概念

随身护卫或称随身警卫(Close Protection Officer),俗称保镖,简称随卫。英文Bodyguard(保镖)或 VIP Protection(要人保护)。随身是指贴身、跟随;护卫,是指借助一定力量,依法对护卫对象实行的保护和警卫活动。随身护卫是指按照国家的法律规定,以某人的身体、财物或其他特定目标为护卫对象,运用身体技能、技术防范和物质防范,保护其不受外来因素侵害的服务行为。

在我国，随身护卫行为包含两方面的意思：一方面是指随身警卫，是从政府行为的角度来说，是由国家专门机关执行的警卫工作，为了保护国家首脑、政府官员，所采取的各项保护措施；另一方面是从商业服务行为的角度来说，为了保护护卫对象而实施一些合法有效措施的商业行为，我们称之为随身护卫。例如，为了保护一些富商巨贾、影视明星等知名人士以及证人等特殊需求人群的人身和财产不受骚扰、攻击、绑架、暗杀等侵害，有偿提供护卫的行为，在保安服务行业中称之为"随身护卫"。本章所阐述的主要是指这一类商业行为。

2. 随身护卫的历史与发展

（1）我国随身护卫的发展历史

在我国古代，有一种行业被称为"镖局"或者"镖行"。从事这种行业的人称为镖师或镖客。古代镖局最主要的业务就是替别人押运贵重物品和保护商旅们的旅途安全，是"受人钱财，保人免灾"的古老行当，是镖师凭借过人的武功，专门为别人保护财物或人身安全的服务机构。镖局作为一种社会现象，是以护卫为基础而萌发出现的，它是适应了社会经济发展的需要逐步产生的，其主要的职能是保护护卫对象的人身和财产安全。中国古代"镖局"中有相当一部分的服务内容，就包含在现代"随身护卫"服务项目之中。

可见，随身护卫并不是一个新兴的行业，从古至今历来有之。中国从古代开始在军队和官府中就有武装护卫，这是官方护卫的概念。到封建社会末期，社会经济较发达时又出现了商务类型的镖局、镖师，这是非官方的市场服务概念。新中国成立后，由于当时实行的计划经济，物品和人员的商业流动很少，这一行业在国内消失。

改革开放以来，随着国内市场经济的发展，带动了市场需求的增长，这一古老而神秘的行业又悄然来到我们身边。20世纪末，一些企业开始利用其他的服务名目提供随身护卫服务。随着市场需求的扩大，21世纪初，以伟之杰公司为代表的一批提供专业商务随身护卫服务的保安从业单位逐步出现，并揭开了中国商务随身护卫发展历史的新篇章。

（2）国外随身护卫服务发展的背景

在国外许多国家随身护卫业务发展的历史相当悠久，而且形成了一定的规模。各国关于随身护卫业的名称也不尽相同，称为私人警务、私人保镖等。

国外随身护卫的发展历史最初起源于私人警务，而私人警务的历史最早可以追溯到16世纪的英国。当时，英国伦敦的一些富人和企业，雇用年富力强的人来保护自己的财产安全。到了18世纪，资本主义大工业在国民经济中占据统治地位，资本家也积累了大量的财富，因而对安全的需求也日益增加；同时，城市的发展也导致了大量农民涌入，导致犯罪率上升，而政府的安全管理措施明显滞后，因此，形形色色的私人警务便相继出现。例如，资本家为战胜自己的竞争对手，开始培养工业间谍。一些大企业为保护自己的人身和财产安全，开始组建自己的保安队伍。这些都可以被看作是私人警务的早期形式。

3. 随身护卫的性质和特点

（1）随身护卫的性质

在商务活动中，随身护卫本身不属于政府行为，但大多活动又关系到政务、外交、经济、文化、宗教等方面的事务。因此，商务活动随身护卫工作必须要在法律允许范围内进行，不能损害党、国家、政府和社会的利益，这是随身护卫行业的一条基本准则，绝对不能违反。否则，随身护卫工作性质就可能演变为抵触国家法律或成为黑恶势力的帮凶。

因此，随身护卫工作的性质可理解为：依照我国宪法和法律，由具有行业资质人员履行护卫服务协议中所规定的责任义务,在法律允许的范围内实施的,确保护卫对象人身和财产安全的一种保安服务行为。

(2) 随身护卫的特点

① 随身护卫的复杂性。在商务随身护卫服务中,其复杂性主要体现在:勤务任务的社会背景复杂、接触对象复杂、活动场所复杂、安全风险因素不确定、活动日程随意性较大、出现问题的责任和影响比较重大等方面。

② 随身护卫的职业性。在商务随身护卫服务中,由于随卫人员没有执法权,经常单兵作战,缺乏精良装备,缺乏后援保障,有时候会遇到不公正待遇和误解等情况,因此,需要在工作中体现出较强的职业素养和职业性要求。

这样的工作环境,要求随卫人员具备较高的政治素养,具备较强的法律意识,具有较强的责任心和不怕困难的勇气;还要具有较强的奉献精神,有较强的组织性纪律性,要有较强的服从意识和良好的团队协作精神;同时,还要具备与随卫任务相适应的良好身心素质。

4. 护卫对象的范围

(1) 社会名流

社会名流由于知名度比较高,而且很多是企业高层管理人员,往往被认为很有钱,他们比较容易招致一些违法犯罪分子绑架、恐吓、敲诈勒索等不法侵害行为的威胁。他们的出行深受媒体或不法分子的关注,常常会影响到他们的正常活动和人身安全。为确保人身安全,在特定情况下,他们会选择聘请保安从业单位为其提供随身护卫服务。

(2) 文体明星

一些文体明星,社会知名度较高。他们一旦出现在公共场合,会引来许多群众围观、追逐、索要签名。同时个别人员也会对文体明星做出比较极端的行为,给他们造成一定的伤害。因此,他们需要保安从业单位为其提供随身护卫服务。

(3) 富商巨贾

这类人员身价不菲,一是聘请随卫为自己保驾护航,保护自己及家人的生命和财产安全。二是防患于未然,他们为防止事故或危险的发生所做的安全防范措施。出于这两个目的,这类人员会聘请保安从业单位的随卫人员为其服务。

(4) 证人

证人在法律上是指除当事人外,能对案件提供证据的人员。证人对案件的侦破发挥着重要的作用,对案件的结果有着重大的影响,其人身、财产经常会受到犯罪嫌疑人的伤害和损失,因此对于证人的保护至关重要。由于我国法律法规对证人的保护制度还不完善,对其保护措施不力,在此情况下,证人可以聘请保安从业单位的随卫人员为其提供相应服务。

(5) 其他

诸如护卫对象在遭受到人身恐吓、威胁等特殊情况时,根据实际情况,保安从业单位也可为其提供随身护卫服务。

二、随身护卫基本信息采集规范

随身护卫勤务基本信息采集的范围主要包括:护卫对象及其相关人员信息的收集、护卫工作环境信息的收集等内容。信息采集主要通过网络调查、相关人员咨询、现场勘查等方法获得相关信息。收集到相关信息后,需要经过信息分类、信息筛选比对、建立护卫勤务信息数据库的过程,完成基本信息的采集。

1. 随身护卫勤务信息采集的范围

(1) 人员信息的收集

在执行任务前，需要对护卫对象以及与护卫对象密切相关人员进行深入细致的了解，以便能够在执行勤务时，恰当地处理各种人际关系，预防可疑人员对护卫对象可能造成的伤害，为顺利完成护卫任务奠定一个良好的基础。

根据与护卫对象的亲密程度，我们将相关人员的信息，分为三个层次：家庭成员、社会关系和其他相关人员。

家庭成员主要指的是与护卫对象有亲缘关系的人员，以及与护卫对象在生活上有密切接触的人员，主要包括：父母、配偶、子女等亲属；与父母、配偶、子女有亲密关系的人员；家庭医生、保姆、司机、家庭雇工等。因为这些人能够与护卫对象近距离接触，并且有机会与护卫对象单独相处。所以除了护卫对象之外，这些人员在信息收集过程中是重点。在执行勤务过程中，也应随时密切关注这些人的动向。

社会关系主要指的是与护卫对象在工作、生活上有各类关系的人员，包括朋友、同事、同学、合作伙伴，以及可能对护卫对象构成威胁的人员等。

其他相关人员指的是与护卫对象因为各种原因而产生临时关系的人，包括外出参加活动现场的工作人员、服务人员、歌迷、影迷、记者等。在到达活动现场之前需要对这些人进行了解。

在执行护卫任务前，我们需要收集护卫对象及其密切相关人员的以下信息。

① 人员的基本信息：称谓（姓名、曾用名、昵称、别称）、性别、年龄、血型、面部特征、体型特征、发型特征、个人爱好、癖好等。

② 人员的背景信息：文化程度、家庭背景、宗教信仰、社交背景、个人社会关系、婚姻状况、财务状况、政治倾向、社会曝光率、社会关注度等。

③ 人员的健康状况：家族病史、当前身体健康情况、精神状况等。

(2) 工作环境信息的收集

工作环境信息指的是随身护卫人员围绕着护卫对象执行护卫工作时，将要到达的所有场所的信息。工作环境信息需要收集以下内容。

① 护卫对象驻地环境信息：驻地名称、驻地地址、驻地附近标志性建筑物、驻地周边交通情况、驻地周边的支援单位；驻地的内部结构、驻地建筑物的基本构造和驻地地形及人防、技防、物防的情况等。

② 护卫对象外出路线信息：交通工具、所要途经路线的交通环境、途经区域的支援单位和目的地的环境信息及人防、技防、物防的情况等。

③ 护卫对象在外活动现场信息：活动现场的名称、活动内容、周边环境、性质、特点，以及需要接触的人员情况等；活动现场的地址、活动现场周边的标志性建筑物、活动现场周边的交通情况、活动现场周边的支援单位；活动现场的内部结构、活动现场建筑物的基本构造和活动现场的地形地势及人防、技防、物防的情况等。

2. 随身护卫勤务信息采集的方法

随卫勤务信息的收集可以通过网络调查、相关人员问询和现场勘查等方法获得。

(1) 在勤务执行前，需要进行网络调查，主要是通过公开的互联网信息，对相关人员、环境进行信息收集。我们可以通过一些网站进行信息查询、线路规划，互联网能够为我们提供大量的基本信息。通过微博、博客、个人主页等个人平台，对相关人员进行了解。通过这些社会公开的网络资源搜集的信息，能够为勤务执行奠定良好的信息基础。

（2）在勤务执行前，需要对相关人员进行问询调查，主要是通过询问、沟通等方式，收集与护卫勤务有关人员和环境的信息。可以通过面对面沟通、网络沟通、电话沟通等方式进行询问和交流。询问的对象主要是与护卫对象相关的人员，例如：亲属、家庭雇员、公司同事、当地的公务人员（社区工作者、派出所民警）等。在问询调查，收集信息时，一定要注意沟通的技巧、态度和语气，不要让被询问者感到不适。同时，需要对重要信息进行记录和整理。

（3）在勤务执行前，需要对护卫对象活动的区域进行现场勘查，主要是通过随卫人员前往护卫对象活动区域现场进行调查，通过随卫人员的观察和与现场人员的沟通，了解护卫对象活动区域的情况，熟悉环境，为勤务的顺利执行奠定良好的工作基础。在现场环境勘查过程中，我们需要按照一定的顺序进行，主要是依据现场的消防地图、现场示意图和自绘地图等图纸资料，按照某一方向，对现场建筑物内的房间、设备、家具、通道、便利设施、消防设施、交通设施、电力设备及人防、技防、物防等内容逐一进行调查了解，熟悉和掌握图纸上各个房间的实际方位和功能，还要对建筑物外部环境的所有通道、便利设施、交通设施、电力设施以及为活动现场服务的各种设备等内容进行了解。通过与相关工作人员和有关负责人沟通，了解现场人员的情况和各种设备设施以及建筑物的功能、结构等有关信息。

技能要求

一、工作名称

随身护卫任务相关信息采集。

二、工作准备

（1）准备好信息采集表格，包括：护卫对象个人情况、家庭关系和社会关系调查表格；相关人员基本情况调查表；随身护卫环境信息调查表等。

（2）确认表格清晰、表格内容齐全。

（3）强调保密纪律，注意信息的安全保密工作，防止信息泄露。

三、工作程序

经过充分、细致的信息收集，我们还需要对信息进行分类、比对和筛选，最后建立护卫勤务信息数据库，为采取有效合理的安全措施，打下良好的信息基础。

（1）收集护卫对象的有关信息，填写护卫对象个人情况调查表。护卫对象个人情况、家庭关系和社会关系调查表格如下：

个人情况

正面照		左侧像		右侧像	
姓　名		曾用名		昵　称	
性　别		年　龄		出生年月	
籍　贯		血　型		文化程度	
宗　教		婚姻状况			
喜欢的食物					
个人爱好					

续表

正面照		左侧像		右侧像	
癖　好					
社交背景					
财务状况					
政治倾向					
社会知名度					
媒体曝光率					
健康状况					
家族病史					
精神情况					
家庭关系情况					
姓　名	性　别	年　龄	关　系	关系密切度	备注（照片）
社会关系情况					
姓　名	性　别	年　龄	关　系	关系密切度	备注（照片）

（2）对相关人员进行调查，填写相关人员基本情况调查表。相关人员基本情况调查表如下：

姓　名		与护卫对象关系		
性　别		年　龄		（照片）
宗　教		血　型		
联系方式		文化程度		
婚姻状况				
健康状况				
风险级别		危害程度		

（3）收集护卫工作环境信息，填写随身护卫环境信息调查套表。随身护卫环境信息调查套表 3-1～表 3-3 如下：

表 3-1　驻地环境信息调查表

驻地地图、示意图	
驻地的内部结构图	
驻地名称	
驻地地址	
驻地附近标志性建筑物	
支援单位	
周边交通情况	
建筑物的基本构造	
驻地地形	

续表

驻地地图、示意图	
人防情况	
技防情况	
物防情况	

表 3-2　外出的交通环境信息调查表

交通线路地图	
备用线路图	
交通工具	
途经路线的交通状况	
途经区域的支援单位	
目的地的基本情况	
人防情况	
技防情况	
物防情况	

表 3-3　护卫对象在外活动现场信息调查表

活动现场地图、示意图	
活动现场内部结构图	
活动现场的名称	
活动现场的地址	
活动现场周边的标志性建筑物	
活动现场周边的交通情况	
活动现场周边的支援单位	
活动现场建筑物的基本构造	
活动现场的地形地势	
人防情况	
技防情况	
物防情况	

学习单元 2　随身护卫过程中存在安全隐患的辨识

学习目标

（1）熟悉随身护卫勤务中常见安全隐患的类型；
（2）掌握随身护卫勤务中常见安全隐患的辨识方法；
（3）能够正确地预判随身护卫过程中存在的安全隐患。

知识要求

一、知识名称

随身护卫勤务中常见安全隐患的类型。

二、常见安全隐患类型

在执行随身护卫勤务前，随卫人员需要认真分析和评估护卫对象潜在的各种安全隐患，以便在执行护卫勤务之前做好充分准备，在执行护卫勤务的过程中主动规避和控制各种安全风险。随身护卫常见的安全隐患主要包括以下类型：暴力袭击、非暴力行为、意外事故、自然灾害以及疾病等。

1. 暴力袭击

暴力袭击主要指的是通过暴力手段，对护卫对象造成伤害的行为。暴力袭击即使是非致命的，也会对护卫对象身体、心理造成伤害和影响。随身护卫主要的工作内容之一，就是避免护卫对象遭受暴力袭击。在当前国内的安全形势下，护卫对象可能遭受的暴力袭击主要体现在绑架、非致命性攻击、侮辱性攻击等手段上。

2. 非暴力行为

非暴力行为主要来自影迷、歌迷、记者等对护卫对象高度关注的人群。当护卫对象出现在公共场合时，这类人群对护卫工作造成了较大压力，妨碍了护卫工作正常有序进行。比如像粉丝或记者的围堵、尾随、偷拍、跟踪、强吻、拥抱等行为。这些行为虽然对护卫对象没有造成身体上的伤害，但可能让护卫对象的名誉受损，也可能影响到护卫对象正常的工作和生活。这些情况在护卫过程中是经常出现的，尤其当护卫对象是有较高知名度的明星等公众人物时，随身护卫人员要有足够的心理准备和应对措施，去有效处置这样的安全风险。

3. 意外事故

意外事故是指非蓄意的，但会对护卫对象造成身体或心理伤害的事故。这类情况包括踩踏、触电、交通事故、摔倒和高空坠物等。这些事故的发生往往都是由于相关人员疏忽和安全措施不到位造成的，所以在随卫过程中，应及时发现这些意外事故的潜在隐患，及时纠正或规避。

4. 自然灾害

自然灾害是随卫工作中所面临的最难控制的一类风险事故。因为这类事故往往不受人力控制，对灾害发生的准确预测较难，灾害造成的后果很难准确预估。经常发生的自然灾害主要有：地震、火灾、飓风、泥石流、洪水、雷击等。

5. 疾病

疾病是我们所有人必须面临的最大的安全风险，也是随身护卫工作中必须受到充分重视的一项内容，尤其是当护卫对象长期处于高强度的工作状态或者是长时间承受巨大心理压力的情况下，往往身体或心理会出现一些突发情况，所以随卫人员必须能够及时发现这些疾病的征兆，以便于及时施救，挽救生命。

> 技能要求

一、工作名称

随身护卫过程中常见的安全隐患辨识。

二、工作准备

（1）掌握护卫对象的身体状况及与其个人相关的各种信息。
（2）熟悉护卫对象的住所、工作及活动场所的地理、地势及气候情况。
（3）了解护卫对象的住所、工作及活动场所周边的安全状况。
（4）掌握护卫对象出行的路线以及与出行路线、目标地点相关的各种信息。

三、工作程序

1. 辨识暴力袭击

随卫人员可通过对护卫对象的背景调查所采集的信息，来评估护卫对象是否可能遭遇的暴力袭击。在对护卫对象进行背景了解的过程中，如果存在债务纠纷问题，而且数额较大，护卫对象遭受暴力袭击的可能性就较大。在护卫工作过程中就应该提高警惕，防止这种暴力袭击事件的发生。除了债务纠纷可能遭受暴力袭击外，激进的政治倾向、复杂的社会关系等都可能成为导致遭受暴力袭击的导火索，所以在做护卫对象背景调查时，应该对此相关情况格外关注。

2. 辨识非暴力行为

随卫人员要从信息收集、分析和处理中预测到这种安全风险存在和发生的可能性。如果护卫对象是国内知名的电影明星，并且受大批影迷的追捧，当护卫对象出现在公共场所时，如果没有很好的安全防范措施，势必会造成影迷的围观和堵截。所以，在执行这样的勤务工作中，我们需要提高警惕，及时发现可能发生的安全事故，提前做好应对准备，避免造成安全事故。

围堵事故的发生，主要是由于活动现场安全措施不到位，对人群控制不力造成的。所以，在护卫对象出席一些公众活动时，随卫人员应该先与主办方进行协调和沟通，根据具体情况，及时制定人群控制方案，避免出现秩序混乱，人群失控的局面。除了围堵以外，尾随、偷拍、跟踪等情况也时有发生。所以及时发现尾随、跟踪和偷拍者，是随身护卫人员的一项重要工作内容。对于这类行为，随身护卫应该尽早发现，及时劝阻或者带离护卫对象至安全场所。

3. 辨识意外事故

意外事故发生前，往往会有征兆或者显现出发生的潜在条件。如果随卫人员能够敏锐发现这些意外事故产生的条件或征兆，积极应对，就能避免护卫对象遭受伤害。

踩踏事故在随卫勤务工作中时有发生。踩踏事故的发生往往是在人员比较密集的地方和秩序混乱的时候。如果随卫人员发现了此类情况，就应尽量避免让护卫对象处于此环境里，而危及到护卫对象的安全。

触电的发生多是由于不正规操作电器或者电器设备老化造成的。在实际工作中，如果了解到护卫对象有不良的用电习惯，比如习惯带电作业等，随卫人员就应及时劝告、提醒，避免护卫对象面临触电危险。

发生交通事故的原因是多方面的，有时候是由于人为违规驾驶造成的，比如闯红灯等；有时候是由于天气原因造成的，比如大雾、雨雪等恶劣天气；还有些时候可能是由于酒后驾驶或吸毒后驾驶等原因造成的。作为随卫人员必须采取各种措施，想方设法避免此类事故的发生，以确保护卫对象的安全。

摔倒在日常生活中是时有发生的，但是对于公众人物来说，在公众场合摔倒不仅会造成身体伤害，而且也会损害自身形象。摔倒往往是由于对环境不熟悉，现场布置考虑不周以及护卫对象个人疏忽造成的。如果在护卫勤务过程中，护卫对象活动现场，存在电线散乱或搭建舞台楼梯高低不齐等安全隐患，随卫人员要能够及时发现、纠正和提醒，避免护卫对象遭受伤害。

4. 辨识自然灾害

面对可能发生的自然灾害，随卫人员可以通过一些征兆及早发现，提前做好准备。在灾害发生时，随卫人员应按照应急预案的程序，采取有效措施，将损失减少到最低。

以地震为例，在大地震发生前往往会有些小级别地震发生，这表明此地带可能将要发生大的地震。另一类前兆就是动物的反常行为，因为有些动物比如狗、猪感应环境变化的能力要强于人，对这种大的地震，有较灵敏的反应能力，所以它们能够比人类有更早的察觉，并且会有一些反常的行为。还有就是通过地理常识来判定地震发生的可能性，比如护卫对象活动的区域是否处于地震带上。例如日本就地处环太平洋火山地震带上，所以经常会发生地震，如果处于地震带上，还需要考虑所处的建筑物是否坚固以及它的抗震性能。

还有一个可能遇到的自然灾害就是泥石流。泥石流的发生，主要受地势落差、土质、降雨这几个因素的影响。如果要进入山区，而且该地区遭受大雨时，就需要考虑有可能会发生山体滑坡或者泥石流等自然灾害。随卫人员就应考虑是否需要重新规划路线，或等待大雨停止确认安全后通过。

5. 辨识疾病

在随卫工作中，最常见的就是心脑血管疾病、糖尿病等类型。因此，随卫人员应始终把一些突发性疾病作为关注重点，例如心梗、脑梗、重度过敏，以及中暑等急性发作的病症。随卫人员需要具备一定的医学常识，能够及时识别这些疾病的前兆，并且能够及时发现并施救。

第二节　任务执行

学习单元1　徒手或使用器具对服务对象进行护卫

学习目标

（1）熟悉随身护卫勤务规范和守则；

（2）掌握随身护卫安全措施和控制要求；

(3) 能够正确、熟练地徒手或使用器具护卫服务对象。

知识要求

一、随身护卫勤务规范和守则

1. 随身护卫勤务规范

随身护卫勤务是一项相对复杂的勤务，要较好完成随身护卫勤务，必须要遵循一套严格的规范制度才能予以保障。

（1）评估设计制度

随身护卫勤务是一个对护卫对象的安全风险进行评估、控制、管理的过程，其工作重心在于"防"，随身护卫人员要了解客户的工作和生活规律，了解客户（有时也包括客户的家人）的身体状况，对客户的工作环境、生活环境、经常活动的区域及行车路线等进行安全风险评估，针对评估中发现的安全隐患，设计随身护卫勤务方案，尽量将各种安全隐患消灭在萌芽状态，防患于未然，避免被动防御。针对一些可能出现的突发事件，要根据实际情况制定突发事件应急处置预案。

（2）沟通报告制度

随身护卫勤务中充满着未知的风险，过程充满了变数。因此，参与随身护卫勤务的保安员必须与指挥人员（或指挥中心）保持良好的沟通，随时汇报勤务执行情况，如目前的位置、安全状况、是否与预定方案不符、是否有突发事件等。一旦出现车祸、袭击等突发事件，指挥人员可以根据执行人员汇报的现场情况进行指挥，并安排援助。

在执行随身护卫勤务中，执行人员之间的沟通也非常重要，尤其是有较多随身护卫人员参与时，执行人员需要分成不同的小组，乘坐不同的车辆出行，这时需要执行人员之间进行及时有效的沟通，随时掌握各自的动向，行动协调一致，确保任务完成。

（3）检查监督制度

检查监督要贯穿于随身护卫的全过程。在勤务开展之前，随身护卫人员要认真检查准备的情况，如车辆的安全状况、执行勤务所必须的通讯设备是否能正常使用等。在执行勤务过程中要加强巡视，保持警惕，查看有无异常情况等。勤务结束后要检查物资回收情况等。要对随身护卫勤务的整个运行过程进行不间断监督，检查勤务执行过程与预定方案是否存在偏差，如果发现偏差，要及时找出造成偏差的原因并予以纠正。

（4）保密制度

保密制度对于随身护卫服务至关重要。随身护卫人员要严格遵守保密制度，对于客户个人情况、活动目的地、行车路线、勤务方案等内容都要严格保密，不得向外人透露。

此外，由于工作的特殊性质，随身护卫人员与客户及其家人接触的机会比较多，有可能了解到客户及其家人的一些个人隐私信息，甚至是商业秘密。这也使得随身护卫人员（尤其是一些明星等敏感人物的随身护卫人员）成为不良媒体、竞争对手，甚至是图谋不轨的人争先收买的对象。这就要求随身护卫人员必须保持清醒的头脑，严守秘密，不为所动。

（5）奖惩制度

随身护卫是一项非常注重团队合作的工作，随身护卫勤务需要依靠随身护卫人员的共同努力、相互配合才能顺利完成。因此，随身护卫人员在培训及日常演练中，要进行针对各种不同情形的战术配合训练。规范的奖惩制度则是团队合作顺利进行的一项重要保障。通过奖优罚劣，鼓励团队成员之间相互配合、相互帮助，听从指挥人员统一安排。对于在勤务执行中，不听指挥擅自行动的成员进行批评、教育和处罚。

(6) 装备管理制度

随身护卫工作的目标是为了保障客户的安全。为实现这一目标，随身护卫人员需要配备相应的装备，如车辆、通讯工具和防卫器械等。这是完成随身护卫工作的物质基础。为了保证装备状况良好，使用管理规范，需要遵守有关装备使用与管理维护制度和规定：使用前办理出库领取手续；使用中履行管理维护的职责；用完后及时办理入库手续。在没有任务的情况下，所有设备原则上统一管理，不得擅自使用。

2. 随身护卫勤务守则

根据《保安员国家职业技能标准（2014年修订）》中的规定，保安员应遵守如下职业守则："遵纪守法，诚实守信；爱岗敬业，熟悉业务；掌握技能，强健体能；文明值勤，热情服务；见义勇为，奉献社会；恪尽职守，保障安全"。这些职业守则同样适用于随身护卫勤务，但是由于随身护卫勤务与其他保安勤务有较大区别，因此在职业守则上也具有自身的特点和不同要求。

(1) 遵纪守法，诚实守信

作为一名随身护卫人员，一定要有很强的法律意识，自己要严格遵守国家的法律法规和工作纪律。在执行随身护卫勤务任务的过程中，要按照法律法规的规定，保障客户的人身和财产安全。对于超出国家法律法规保护范围的客户需求，要坚持原则，严词拒绝。所有的勤务执行行动都要在国家法律法规允许的范围内开展和进行。

诚实守信是履行合同、履行诺言的思想基础，是保安从业单位和保安人员必须具备的品质，也是取得社会信赖和承担安全责任的根本保证。随身护卫人员只有做到诚实守信才能认真履行职责，才能取得客户和社会的信赖，才能承担起客户身边最后一道安全保障的责任。

(2) 爱岗敬业，熟悉业务

随身护卫人员的职责是保障客户的安全，这就要求随身护卫人员要热爱本职工作，具有强烈的责任感和事业心，尽职尽责，并且熟悉随身护卫业务，这样才能更好地履行自己的职责，完成随身护卫任务。

随身护卫工作有其自身的特殊性。由于工作性质、特点和工作内容决定，此项工作存在着安全责任重，工作强度大，安全风险级别高，业务能力要求高，工作时间不规律，工作压力大等特点。因此，要求随卫人员有更高的岗位和职业认同感，热爱这个职业，热爱自己的岗位，能够全身心的投入，才能克服困难，完成任务。

(3) 掌握技能，强健体能

强健的体魄和有效的格斗技能是随身护卫人员的必要条件。同时，随身护卫人员还必须具有风险评估的专业知识，能对区域、场馆、路线等安全风险进行评估，并能制定相应的解决方案。此外，娴熟的驾驶技能和紧急救助的技能等都是随身护卫人员的必备技能。

因此，随身护卫人员还要具备较为综合的专业技能。随身护卫人员还必须根据工作需要和自身特点不断学习各种专业知识，强化各种专业技能，这样才能适应随身护卫工作的需要，真正保障客户的安全。

(4) 文明值勤，热情服务

随身护卫服务是保安服务的一项服务内容。随身护卫人员代表着保安从业单位的形象，也代表着客户的形象。因此，在执行勤务过程中，随身护卫人员要热情、周到，言行举止要文明礼貌，服务要规范、标准。同时，要兼顾秘书、司机、助理等职务的综合能力。随身护卫人员在执行勤务过程中要注意职业形象，特别是在遇到各种突发事件时要冷静处置，做到既防控危险，又周到服务。

（5）见义勇为，奉献社会

"义"是指道义、正义，是和功利相对应的。保安员要公道正派，不能见利忘义。尤其是随身护卫人员，由于其职业的特殊性，他们可能会经常跟随客户参加各种社会活动，接触名誉、金钱和美色的机会比较多，受各种利益的诱惑比较大。随身护卫人员就要不断的加强自身修养，加强思想意志品质的学习和锻炼，加强抵御各种诱惑的能力。

随身护卫人员在完成本职随卫勤务任务的前提下，应该发挥自身特长，成为维护社会正义的力量。作为一名维护社会安定的专业保安人员，随身护卫人员应该具有强烈的正义感和社会责任感，乐于奉献社会，勇于制止一些危害社会安全稳定的不法行为。在执行随身护卫勤务的过程中，如果发现保护对象以外的人受到不法侵害，需要帮助时，随身护卫人员则需对当时的环境进行评估，在确保护卫对象安全的前提下，对遭受不法侵害的人员进行适当帮助。

（6）恪尽职守，保障安全

随身护卫工作从字面上理解就是随身护卫人员需要跟随客户，像客户的影子一样，如影随形地保护其不受伤害。从某种意义上说，随身护卫可以说是客户身边的最后一道防线。一旦这道防线被突破，那客户的人身和财产安全就难免受到威胁和侵害。在随身护卫工作中很多情况是难以预料的，所以随身护卫工作基本上是全天候的，没有绝对的休息时间。随身护卫人员必须克服生理和心理上的障碍，必须时刻保持高度的警惕和良好的状态，恪尽职守，坚守岗位，尽职尽责，保障安全。

此外，由于随身护卫任务的特殊性，随身护卫服务所面临的安全风险等级比较高，执行随身护卫勤务的危险比较大。因此，"恪尽职守"的职业守则对随身护卫人员就显得尤为重要。面对危急时刻，面对突发事件，随身护卫人员应该牢记自己的使命和职责，挺身而出，沉着理智，帮客户化解危险，保障其安全，切不可置客户于危险境地而不顾，临阵逃脱。

二、随身护卫安全措施和徒手控制要求

随身护卫安全措施是为了保障客户生命、财产安全而采取的举措与行动。随身护卫人员在执勤遇到情况时，需要采取相应措施以保障委托人或物的安全，从而确保完成任务。

1. 随身护卫安全措施和徒手控制的基本原则

"徒手控制术"是满足不具备执法权的保安人员在最大程度自保的前提下及不违背现行法律的基础上高效制止违法犯罪行为的技能保障，针对的是不具备执法权的保安人员，因此在"度"的掌握上就要求做到十分精准，以控制及制止为目的，而不是为了夺人性命、一招毙敌（高危风险下除外）。

（1）在日常安保工作中

保安人员履职环境大部分还是一般性的秩序维护和民事协调。在门卫、巡逻、守护、押运和随身护卫岗位上的执勤过程中，由于当事双方可能处于情绪激动甚至濒临失控的状态，不排除有局面失控或过失伤人的可能，作为维持秩序的保安人员肩负着控制现场局势、避免恶化及冲突加剧的职责，可以使用劝阻、隔离和低风险情况下的控制技能，这种控制技能对控制处于低风险的一般事件冲突具有很好的效果。例如，2015年9月11日，福州市公交总

站某保安在劝阻2名欲骑车违规进入公交站的乘客时，被对方用车锁猛砸头部，送医不治身亡。在这一案例中，被害的保安由于缺乏相应的徒手控制技能，导致自身安全在冲突中受到了严重威胁直至死亡。

（2）在突发事件中

危害社会治安的案件往往具有隐蔽性和突发性的特点，与接、处警不同，保安人员在制止违法犯罪行为时往往没有过多的时间准备和筹划，处于瞬间临敌的状况。因此要求其具备更加稳定和强大的心理素质和必胜的信心。"徒手控制术"在修习过程中，强调"简单动作重复做、复杂动作简单做"的训练原则，通过长时间反复单一、简单高效的动作练习，形成肌肉记忆，最终实现下意识的习惯反射。以便保证保安人员在实际工作中，即便忽然遭遇突发情况，也可以随机应变，准确出手，一招制敌，制止犯罪。

（3）在持刀、持枪等暴力事件中

随着社会治安形势和反恐形势的不断变化，各类暴力事件层出不穷，各类管制刀具甚至枪械在一定程度、一定范围内存在，犯罪分子的暴力行为严重威胁社会治安稳定及人民生命财产安全，持刀、持枪抢劫及伤人事件屡有发生。这无疑给广大保安人员协助警察维持秩序、制止犯罪带来困难和危险。此时，可以使用"徒手控制术"中的"徒手控刀"以及"徒手控枪"等徒手应对器械及枪械的技能，在此类高风险暴力事件中及时控制现场，保护现场其他人员及自身安全。例如，2012年7月2日，一名持刀歹徒闯入贵州师范大学校园行凶，最后在保安人员及学生的共同努力下得以制止，但是也造成了两名保安被刺身亡、一名保安重伤的严重后果。尽管我们对此次事件中保安人员体现出来的尽职精神予以高度肯定，但是在事件处理中保安人员也表现出了针对持刀暴力事件没有采取相应的武力控制措施（当事保安人员仅仅使用锥桶和提示牌进行搏击）以及缺乏相应的徒手控制及器械使用技能方面的不足，这也是导致惨重后果的主要原因之一。

2. 随身护卫现场处置技能主要构成要素

随身护卫现场处置技能是保安防卫知识技能体系中的重要组成部分。保安防卫知识技能体系是根据我国保安工作的性质、特点和需求，以我国民族传统武术的踢、打、摔、拿四大技术方法为基础，吸取散打、拳击、巴西柔术、摔跤等格斗竞技项目的技术精华，参考军警格斗技术而形成，并经长期维护社会治安和协助公安机关执法实践过程中不断积累、丰富、逐步发展、充实、完善起来的。根据随身护卫人员对防范、控制、制止暴力突发事件能力需求分析，保安防卫知识技能体系主要由以下几方面的要素构成。

（1）思想意识。由于职业的特殊性决定了随身护卫人员在执行勤务时，要随时保持高度的警惕状态，对各种安全状况的发生要有充分的思想准备，要具备自觉保护的意识。自觉保护意识是一种自觉的心理活动，是经过人的后天训练培养出来的，是随身护卫人员在执行勤务时应具备的一种职业素质。高度的警惕性和安全意识是保证安全，顺利完成任务的基本条件。

（2）身体素质。身体是一切活动的基础，对于随身护卫人员学习和运用防控技能来讲更是如此。随身护卫人员平时应加强身体素质训练，以保持和提高身体的灵活性，即使在高强度的工作下也能保证身体处于较为良好的状态，在应对安全状况时能够有效运用防卫技能，从而提高工作效能。

（3）语言控制。随身护卫人员掌握防卫手段的尺度是使侵害实施人停止实施侵害行为或者失去侵害能力，并不是以伤害侵害人的身体为目的。因此，随身护卫人员在实际工作中，并不需要只以身体上的对抗来控制侵害行为。面对侵害行为,首先要采取语言控制,告知:"请勿靠近!"或者采取语言命令:"请退后!"等语言控制手段,防止事态升级。

(4)徒手控制。徒手控制主要包括压点、摔拿、控制、带离等技术,是随身护卫人员应对暴力侵害的专业防控技术。由于该技术是以控制对方关节要害为主的技术,因此,掌握该技术可保证在不造成人员重大伤害的情况下,有效地完成任务。

(5)器械控制。随卫人员在执行勤务过程中,除了使用自身力量来保护客户和自身的安全之外,还可以依法使用一些防卫器材、装备和技术来达到防护的效果。主要使用的器材和装备包括应急包、警棍、防弹衣、防弹车、安检设备等。

(6)团队合作。随身护卫勤务中,要有效的发挥团队配合的作用,避免自我为中心和单打独斗的思想,充分利用团队的优势,相互配合,有效进行内外沟通,形成合力,确保安全。

技能要求

一、工作名称

徒手或使用器具护卫服务对象。

二、工作准备

作为一名合格的随卫人员,要具备"做最坏的打算,做最充分的准备"的工作理念。为了应对可能发生的突发事件,必须做好各方面的准备,将危害遏制在萌芽状态,以保障客户的安全。准备工作包括心理准备、身体准备和器材准备等方面。

1. 心理准备

面对危机,一个人的心理素质决定了是否能够保持头脑清醒,行动有序,处置得当。当突发情况发生时,往往由于缺乏心理和精神上的准备而失去了控制事态的最佳时机,导致风险失控,侵害加剧。随卫工作的特点决定了随卫人员要具备良好的心理素质,应对突发情况时要头脑冷静,沉着处置,时刻树立安全意识,保持较高的警惕性,这是做好随卫安全工作的重要前提。

安全意识是一种自觉的防护心理活动,它表现为做事的警惕性、预见性;处事的沉着性、独立性;观察的准确性、细致性。只有具备安全意识,才能清醒地认识到所处环境的安全状况,保持一定的警觉度。同时还要能够对特定时间、特定地域和特殊物品的保管、运输条件有充分的认知。随卫人员要力争做到对工作认识全面、准确,心理准备充分,避免心存侥幸和盲目自信。

总之,做好充分的心理准备能够使护卫人员在突发情况面前临危不乱,既能体现忠于职守、勇于护卫的职业品质,同时又可以提高观察、分析、判断和控制危机的能力。只有这样,才能在关键时刻做出快速有效的反应,才能够有效保护护卫对象,完成任务。

心理准备的要点是:思想重视、情绪稳定和意识高度戒备。在随卫勤务任务执行前,要调整好自己的心理状态,排除杂念、集中注意力,做好充足的心理准备和思想准备。

2. 身体准备

随卫人员应该使自己的身体始终处于良好的状态,平时要加强身体锻炼,尤其是体能训练,身体是一切活动的基础。随卫工作要求从心理到身体时刻都要保持警惕和戒备状态,对体能的消耗较高,因此,身体素质的训练是不可少的。随卫人员所需要的身体素质要素包括:力量、速度、耐力、灵活性及柔韧性。这些身体素质要素是提高工作效率的基础,同时也是防止护卫目标受到侵害的前提保证。强健的身体素质可以在遭遇突发情况时占据更多优势,可在第一时间迅速摆脱困境,有效控制风险。

随卫人员所具备的速度、力量、灵活性和耐力等身体素质,则是全面提高工作效率的基础。速度有助于对歹徒动作的预测与判断,做出正确快速的反应,更有效地进行防护;力量有助于保证防卫技术和动作的有效实施;良好的灵活性有助于动作迅速转换,以便根据危险情况快速做出调整;耐力则是随卫人员整体工作状态持续、稳定的有效保障。

身体准备的要点是:在随卫勤务任务执行前,要调整好自己的身体状态,确保身体健康、状态良好,避免带病、疲劳上岗。

3. 器材准备

随卫工作复杂多样,任务艰巨。不同场所及环境有不同的防范目标,既要防止秩序混乱、交通事故等治安案件,还要防止偷盗、抢劫、人身伤害等刑事案件,属于高风险的职业。因此,根据工作需要配备和正确使用器材,可有效防范各类突发事件的发生,保障人身及财产安全。

(1) 器材的分类

依据法律规定在随卫工作中可以配备的器材,除了日常通讯联络和紧急救助类器材之外,还包括非杀伤性的防卫器械,按照功能随卫人员可以配备的器材可分为三类。

① 防卫类器材。主要是指随卫人员在执行勤务中,用于制止暴力行为,降低侵害程度的装备,包括伸缩警棍、防弹衣、强光手电等。

② 通信类器材。主要是指随卫人员用于日常联络以及紧急情况下与团队成员沟通的器材,包括手机、对讲机等。

③ 应急类器材。主要是指随卫人员用于应对行动中发生的伤害性事件或抢险救助紧急情况的应急性装备,包括应急包等。

(2) 主要器材简介

① 对讲机。对讲机的英文名称是 Two Way Radio。它是一种双向移动通信工具,在不需要任何网络支持的情况下,就可以通话,没有话费产生,适用于相对固定且频繁通话的场合,便于随卫人员相互间的联络沟通。

对讲机的基本使用方法:

a. 按顺时针方向转动 POWER 开关/VOLUME 控制器打开对讲机的电源;

b. 按住 MONITOR 键的同时转动 POWER 开关/VOLUME 控制调节音量;

c. 拨动 CHANNEL 开关选择你要用的频道;

d. 按下 PTT 键即发射键时指示灯亮红灯,表示对讲机处于发射状态,此时可以讲话,处于同一频道时对方接收你的讲话;松开 PTT 即可接收信息;

e. 讲话时,请保持麦克风距离嘴唇 3~4 厘米。

对讲机的使用规定:

a. 使用对讲机时应用代号呼叫,一般呼叫编号不能直呼姓名;

b. 与客人交流或靠近客人时,音量要调小,以免干扰客人谈话;

c. 佩带时只准用手持式或腰佩式,手持式要将扣带扣住手腕,腰佩式要防止天线扭曲打折,严禁手拿天线或在天线受损时开机工作,造成机具内部烧毁;

d. 不准将机具乱放，私自外借，或让无关人员使用；

　　e. 不得私自将信道更换，听到对讲机电量不足提示音后应马上更换电池，更换电池应先关机；

　　f. 要定期对对讲机电池、主机件进行性能检查；如发现有损坏，必须交到管理人员处，并说明损坏的原因；统一维修，严禁擅自维修；

　　g. 在他人使用对讲机时，不得插入抢用，紧急情况除外；

　　h. 在紧急报警时要保持冷静，汇报叙说清楚，以便及时做出处理。

　　② 伸缩警棍。伸缩警棍是应用于防范、控制暴力攻击行为的防卫器械。可用于挡护、劈击和别压等动作，主要对暴力攻击进行有效制止和驱散，能有效地保护随卫人员以及护卫对象的安全。在使用时一般不主动击打侵害者的致命部位，主要通过击打侵害者四肢各神经点使侵害者攻击能力暂时丧失，或者通过挥舞警棍制造与对方的距离，达到驱逐、制服效果。伸缩警棍由于重量轻、体积小、携带方便等优势，十分适合随卫人员使用。

　　伸缩警棍的日常保养：

　　a. 应存放在通风、干燥的地方；

　　b. 使用后清洁棍管表面，如遇有泥土、沙石、血液、水或其他粘附物，应将其清除，并将棍管收回到固定的握把内；

　　c. 保存的环境要远离化学及腐蚀性气体。

　　伸缩警棍使用前检查：

　　a. 携带前，检查外观是否所有破裂及生锈；

　　b. 在确定安全的空间后，适度用力将中管和前管甩出，检查各节管间连接处球帽，确认其连接卡锁是否牢固；

　　c. 将警棍的中管、前管收回，检查磁力端座及卡位螺丝，确认其卡锁的牢固。

　　③ 强光手电。强光手电前端带有攻击性棘槽，可起到攻击致痛制服作用，爆闪功能也可让侵害者短时间内暂时失明眩晕，起到一定防身作用。外壳采用航空铝材经阳极氧化处理，产品具有防水、防爆、抗振、抗压等功能。强光手电是集照明、防卫、控制功能于一体的应急器械。

　　强光手电的保养：

　　a. 每次使用后用干净的软布对电筒进行擦拭；

　　b. 当电筒在沾染海水或有腐蚀性液体时要及时用清水冲洗，并用电吹风吹干；

　　c. 当灯头或后盖扭动不顺畅时，在接口处涂少许防水硅脂；

　　d. 手电筒不使用时要将电池取出，放在阴凉处保存；

　　e. 手电筒所配置的充电电池，如长期不使用，建议每 6 个月充电一次。

　　强光手电常规检查：

　　a. 检查电池是否有电，灯泡是否完好无损，开关活动是否顺畅，各个光挡是否有效；

　　b. 查看电筒外观（反光杯）上有无破损，尾盖的防水圈是否完好无损；

　　c. 使用强光挡时不要将光线直射入人的眼睛，较强的光线会对眼睛造成永久的伤害；

　　d. 灯头不要拆卸，以免造成灯头组件及镜片的损坏；

　　e. 禁止将锂电池丢入火中，锂电池属于可回收物品，请按照规

图 3-1　应急包

范，正确处理废物。

④ 应急包配置。应急包（见图 3-1），里面装有：

a. 急救包材料；

b. 彩色急救手册；

c. OK 绷带（创可贴）7.2 厘米×1.9 厘米；

d. 粘固定用纸胶带 1.25cm×5cm；

e. 自粘性伤口辅料贴 6cm×8cm；

f. 自粘性伤口辅料贴 10cm×10cm；

g. 无纺布三角巾 96cm×96cm×136cm；

h. 伤口护理辅料片 10cm×10cm 等。

图 3-2 多功能指北针

⑤ 多功能指北针（见图 3-2）：

a. 方位测量工具：由罗盘、照门与准星等组成；

b. 距离估定器：由照门与准星等组成；

c. 组成 10∶1 比例测距估定器。

⑥ 激光笔（见图 3-3）：

a. 尺寸：$\phi 14cm \times 162mm$；

b. 材质：铜＋太空铝；

图 3-3 激光笔

c. 电池：2×AAA；

d. 外观：笔状；

e. 外观颜色：黑色（烤黑橡皮或者电镀雾铬等）；

f. 固定焦、绿色点状光斑；

g. 连续使用寿命大于 5000 小时；

h. 输出波长：532nm。

⑦ 多功能刀具（见图 3-4）：

a. 展开 16cm，闭合 10cm；

b. 宽度 3.7cm（闭合最宽处）；

图 3-4 多功能刀具

c. 厚度 2.3cm；

d. 不锈钢材质；

e. 金属铝柄；

f. 钳子、一字改锥、小刀、启瓶器、钢锯等。

⑧ 多功能收音机（见图 3-5）：

a. 产品尺寸：12.5cm×5.2cm×4.2cm；

图 3-5 多功能收音机

b. 毛/净重：16/15kg；

c. 可手摇充电或外接电源充电，AC 电机；

d. 环保 LED 照明灯，可为手机应急充电，FM 收音，紧急警报器材质（ABS、PS）；

e. LED 灯的规格：$\textcent 5$；LED 的亮度：812000MCD；

f. 马达类型：AC 电机 6.0V 600mA；

g. 手摇 1 分钟（120 转/分钟）：照明可用 25 分钟，收音机可用 6 分钟，报警可用 30 秒，手机接听可用 20～40 秒，待机可达 10～20 分钟。

⑨ 微型数字高清摄像机（见图 3-6）：

图 3-6 微型数字高清摄像机

a. 拍照、时间显示功能；

b. 声控触发录像功能，方便布防录影，更长待机使用时间，只录想要的影像；

c. 配备魔术贴背夹、多功能背夹、双别针背夹及多向支架等安装使用配件，方便随心所欲的拍摄；

d. 更好的影像效果，视频输出 640×480px 30 帧/秒；

e. 傻瓜式操作，双灯（红绿色）指示使用状态；

f. 电池电量检测功能等。

⑩ 马甲背心（见图 3-7）：

a. 单排扣直筒短款马甲；

b. V 形领；

c. 多口袋；

d. 纯棉面料；

e. 水洗工艺；

f. 内侧加装反光条。

图 3-7　马甲背心

三、工作程序

1. 单人控制

（1）掰腮压腕带离

动作要领：站在对方的右后方，右手抓住对方的右手碗。右臂折压对方右腕，并将其手臂别于背后，右手压腕，用前胸贴紧其右肘。左手抓其头发或掰扣其面腮部（见图 3-8）。

（2）挎臂带离

动作要领：站于对方右后方，用左手心朝前抓推对方右腕，同时右手向后拍搂对方肘窝，并用上体贴紧其右臂。左手将对方右小臂上抬，左手拇指抵住对方手心，四指扣压其手背并用力往回按压。左臂屈肘往回夹紧，上体略前顶向前行走，将其带离扭送（见图 3-9）。

图 3-8　掰腮压腕带离

图 3-9　挎臂带离

（3）锁喉带离

动作要领：站于对方后方，右手圈住对方右臂别于背后。用左臂夹锁对方颈部，双手合力，身体侧顶其背部，侧身向前行走，使对方倒向行走（见图 3-10）。

（4）封肘带离

动作要领：站于对方右后方，两手抓对方右手手背并向我身体回压，用我胸前贴紧对方右手肘关节使对方手臂完全屈收，控制对方右手手腕及肘关节，将其带离（见图 3-11）。

图 3-10　锁喉带离

图 3-11　封肘带离

2. 二对一被动抓控

（1）提臂跪颈

动作要领：当对方由后突袭时，被袭击者立刻重心下沉以肘击对方头部，另一人上前抄抱对方双腿并向后拉使对方失去重心倒地。迅速将其两腿十字交叉下压控制其脚踝关节。被袭者转身跪压对方头颈部并提起其双臂将其控制（见图 3-12～图 3-16）。

图 3-12

图 3-13

图 3-14

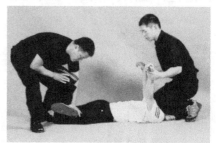

图 3-15

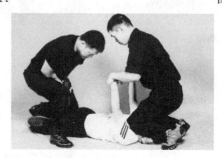

图 3-16

（2）圈颈折臂

动作要领：当对方向我猛扑过来并缠抱住时，我也将顺势将对方缠住，另一人迅速上前以手刀砍打对方颈部。此时我迅速将对方向右后方摔倒，顺势下蹲控制其左手和颈部，同时另一人控制其脚踝关节（见图 3-17～图 3-22）。

图 3-17

图 3-18

图 3-19

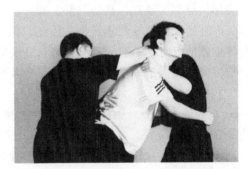

图 3-20

图 3-21

图 3-22

3. 使用伸缩警棍

伸缩警棍属于驱逐性、制服性器械，可用于格挡、防护、控制等技术动作，对聚众闹事、打架斗殴进行制止和驱散，能有效地保护客户和自身安全。伸缩警棍由于重量轻、体积小、携带方便等优势，适合随卫人员使用。

（1）结构

伸缩警棍主要是由尾盖（磁力端座及卡簧）、握柄（含握把套）、中管、前管及球帽组成。

（2）警棍应用的原则

① 对方的暴力威胁是否构成使用警棍的防卫等级。

② 使用警棍时要根据对方的暴力程度逐级递进地选择防卫方法，即：一闪、二挡、三截击、四攻击、五控制。

③ 使用警棍防卫时，要避免多次击打，以免导致对抗升级。

④ 目的达到后，警棍击打要立即停止。

⑤ 防卫后应实施控制。

（3）常击打部位

① 小臂。击打小臂的内、外侧，可使侵害实施人小臂痉挛，失去抵抗能力。

② 上臂。击打上臂的内、外侧，可使侵害实施人产生剧痛，造成暂时性的上臂活动障碍。

③ 大腿。击打大腿的内、外侧，可使侵害实施人产生剧痛、痉挛，造成暂时性的移动障碍。

④ 小腿。击打小腿的外侧，可使侵害实施人产生剧痛，造成暂时性的移动障碍。

⑤ 上腹部。以棍尾或棍头戳击上腹部，侵害实施人至少需要30秒方可缓解剧痛，随卫人员可从容地对其实施进一步的控制。

（4）避免击打的部位

头部、裆部、颈部、软肋（肝、脾区）均属于人体要害部位，击打力度较大时极易造成脑部、内脏的大出血等严重后果。因此，随卫人员在应对暴力行为时，除非遇到危及到生命安全等危急情况时，一般应避免击打这些要害部位，避免在处置危急情况过程中造成防卫过当，给侵害实施人造成永久性损伤甚至危及生命。

（5）基本动作

① 腹前戒备姿势。腹前戒备主要在巡逻时或者遇到可疑人员时应用，便于自我防护以及快速拿起防卫器械。

动作要领：侧身站立，不开棍，双手握住警棍，将警棍置于腹前，或用手臂遮盖警棍，使警棍隐蔽（见图3-23）。

② 提棍戒备姿势。在对方有暴力倾向时应用。

动作要领：侧身站立，下肢呈格斗姿势，两腿分立与肩同宽，膝关节微屈，强手持棍自然下垂置于腿后隐蔽，弱手手掌提至胸前戒备，目视对方（见图3-24）。

③ 格斗戒备姿势。在对方将要实施暴力袭击，我方进行防卫时应用。

动作要领：侧身站立，下肢是格斗姿势，两腿分立与肩同宽，膝关节微屈，强手正握警棍，将警棍置于右肩上方，肘部自然下垂。弱手成掌，弱手手掌提至胸前戒备，目视对方（见图3-25、图3-26）。

图3-23　　　　　图3-24　　　　　图3-25　　　　　图3-26

（6）警告

采取提棍戒备姿势，同时给予口头警告、语言控制。

（7）开棍及收棍

① 上开棍动作要领：全手掌握住棍柄，身体右转的同时，以肘带手斜向上给45°，以鞭打动作将警棍甩出，警棍打开后成戒备姿势（见图3-27）。

② 下开棍动作要领：全手掌握住棍柄，身体右转的同时，以肘带手斜向下给45°，以鞭打动作将警棍甩出，警棍打开后成戒备姿势（见图3-28）。

③ 紧急开棍动作要领：在紧急情况时，快速拿起伸缩警棍直接将警棍挥向危险的地方，甩出警棍进行打击（见图3-29）。

④ 收棍动作要领：目视对方，重心下降蹲跪，手持握柄，棍头向下，垂直撞向硬物第一次松开第一个伸缩锁，随即撞第二次将第二个伸缩锁撞开便可成功收缩警棍，随后用拇指按平球头，将警棍放入警棍套（见图3-30）。

图 3-27

图 3-28

图 3-29

图 3-30

4. 徒手控制术动作要领

（1）被动擒拿

① 顺手擒拿动作要领：当我左手腕被歹徒右手抓握时（见图3-31），我左手由外向内、向上迅速旋转，使其腕部竖起（见图3-32）。同时我右手四指扣住其手掌，拇指顶其手背（见图3-33），挣脱我之左手由上至下压其手腕（见图3-34），将其控制。

要求：将其腕部翻起，抓握稳健有力。

图 3-31

图 3-32

图 3-33　　　　　　　　　　　图 3-34

扫二维码可观看相关动作要领视频。

②反手擒拿动作要领：当我右手腕被歹徒右手抓握时（见图 3-35），我以左手扣住其手背和五指（见图 3-36），右手顺势上挑，由内向外缠握其手腕（见图 3-37），同时两手协力用力下压（见图 3-38），将其控制。

要求：将其腕部竖起，自己肘部贴近自己的身体。

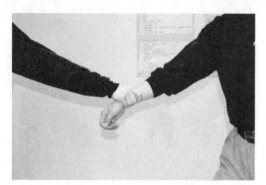 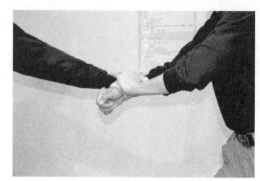

图 3-35　　　　　　　　　　　图 3-36

 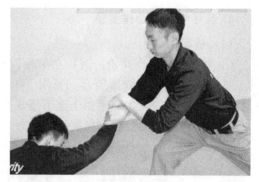

图 3-37　　　　　　　　　　　图 3-38

③抓臂擒拿动作要领：当我肩部被抓时（见图 3-39），我用力扣压其手背，右脚撤步侧身（见图 3-40），顺势转动身体，侧身对着对方，同时抬左臂用上体和大臂协力下压对方手腕（见图 3-41），向反关节折其手腕（见图 3-42），将其控制。

要求：抓紧对方手腕不让其离开自己肩部，将对方手腕竖起后下压。

图 3-39

图 3-40

图 3-41

图 3-42

④ 抓胸擒拿动作要领：当胸前衣领被抓时（见图 3-43），我右手扣压其手背，（见图 3-44），左臂顺势下压其手腕（见图 3-45），左手握其肘部，右手抓其手腕（见图 3-46），下压同时向右下旋转身体将其顺势带倒在地，双膝跪压其肩背部，两腿合力，挟住对方大臂，使对方手臂直立，两手向反关节折压其手腕（见图 3-47），将其控制。

图 3-43

要求：两腿挟紧对方手臂，保持自己重心。

图 3-44

图 3-45

图 3-46

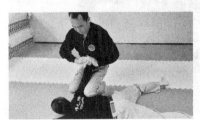

图 3-47

扫二维码可观看相关动作要领视频。

(2) 主动擒拿

① 拉肘别臂动作要领：我右脚上步以左手挑其右手臂（见图3-48），右手拉其肘部（见图3-49），左手内插顺势抓、压其肩部（见图3-50），同时别臂，向右转身下压，使其倒地（见图3-51），将其控制。

要求：贴近对方身体，保持自己重心。

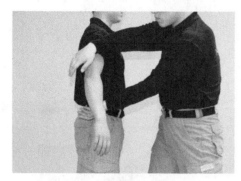

图 3-48

图 3-49

图 3-50

图 3-51

② 拉肘折腕动作要领：我站其右后方左手虎口朝前、掌心向下，抓握其右手腕（见图3-52），同时右手拉其肘部（见图3-53），将其肘部紧贴于右小臂之上，将对方手臂拉近自己身体，右手配合，左臂将对方手臂夹死（见图3-54），而后两手合力向反方向折压对方手腕（见图3-55），将其控制。

要求：手臂抱紧锁死对方手臂，贴近对方，两肘夹紧。

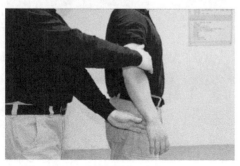

图 3-52

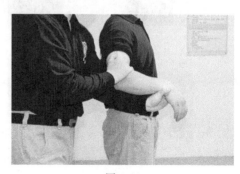

图 3-53

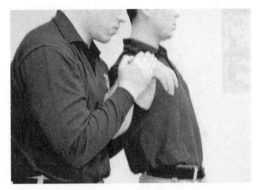
图 3-54

图 3-55

(3) 空手夺刀

① 击面夺匕动作要领：当歹徒右手手持匕首刺向我腹部时，我起左手向外格挡，避其锋芒（见图 3-56），同时右手击打其面部（见图 3-57），然后左手抓其右手腕，右手由下自上上挑其右肘部（见图 3-58），随后我之身体右转翻身，撤右步下压对方（见图 3-59）。左手反关节折压其手腕、右手扣其肩部，将其控制（见图 3-60，图 3-61）。

要求：与对方保持正常距离，自己保持重心。

图 3-56

图 3-57

图 3-58

图 3-59

图 3-60

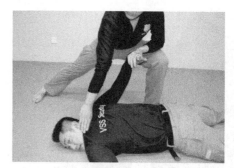

图 3-61

扫二维码可观看相关动作要领视频。

②上架夺刀动作要领：当歹徒右手持刀下砍我头部时，我迅速上步，双手握拳交叉挡架其手臂（见图 3-62），身体迅速前贴，提膝顶其腹部或裆部（见图 3-63），而后双手抓其手臂和腕部下压，同时撤右步右转身体，使对方围绕自己身体旋转半圈，顺势将其按倒在地（见图 3-64），同时两手抓住其右手腕反关节折其手腕（见图 3-65），将其控制。

要求：贴近对方，保持正常距离，挡架要高于额头。

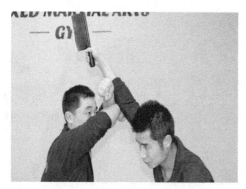

图 3-62

图 3-63

图 3-64

图 3-65

学习单元 2　随身护卫勤务中常见突发情况的处置

学习目标

（1）掌握随身护卫勤务中常见突发情况的处置原则；
（2）能够正确、及时地处置随身护卫勤务中出现的突发情况。
（3）掌握武力分级的原则

知识要求

一、知识名称

随身护卫勤务中常见突发情况的处置原则。

二、处置原则

在执行勤务过程中，随身护卫人员经常会遇到各种情况干扰护卫勤务的顺利进行，在此情形下，随身护卫人员需要立即采取措施，规避或者控制事态恶化，这就是我们所称的随身护卫勤务突发情况处置。在处置过程中，随卫队员需要采取合理有效的措施，严格执行处理突发事件的程序规定，通过团队合作来应对多变的环境和事态发展。在护卫过程中，我们常见的突发情况有：围堵、尾随、偷拍等非暴力行为；徒手或持械等暴力伤害；意外事故和自然灾害。

在随身护卫勤务中，处置突发情况要求所有护卫人员必须把握好以下原则：

① 尽早发现潜在的安全隐患，尽早处理，尽早规避；

② 在护卫过程中，发生任何突发事件都需与上级领导、甲方单位及时取得联系，并汇报情况；

③ 随卫勤务中，一旦出现突发事件，应尽快将护卫对象带离现场，随卫人员应避免陷入被动处境，给护卫对象带来危险；

④ 以国家法律为底线，最大限度的保障随卫对象的利益，根据自身情况，量力而行，分工负责，有效处置。

三、武力分级的原则

安保工作是一项风险较高的工作，随卫人员在工作中会遇到形形色色的人及各种各样的情境，其中不乏情绪激动、有暴力行为的人。在遇到类似情况时，如果随卫人员不能正确处置的话，可能会带来严重的后果。如 2016 年 5 月，北京某酒店保安在现场处置一起因个人债务引发的纠纷时，失手将讨债人彭某打至全身多处骨折，被判有期徒刑 1 年，被赔偿经济损失 2.7 万元。2016 年 9 月，苏州欧菲光集团某保安在现场协调处理讨薪事件时，与讨薪者发生肢体冲突，在纠缠中，失手打死讨薪者。因此，随卫人员在安保工作中要尽量不使用武力，即便必须使用武力来制止暴力行为也要遵循武力使用分级原则。

武力使用中最重要的一点就是武力手段要与威胁等级相对应。任何武力手段的使用必须与当时所处的威胁程度相当。面对非致命的危险或威胁时，就只能使用非致命的武力手段。

针对不同程度的威胁情况，随卫人员应迅速做出正确的判断，适时对应地使用武力。随卫人员应当本着有限使用武力的原则，以制止暴力行为为限，尽量减少人员伤亡、财产损失。当违法犯罪行为得到制止，武力使用的目的已经达到时，应立即停止使用。

当下有部分保安企业和培训机构采用军警格斗术及相关教材用于随卫人员的培训是存在一定风险和隐患的，《公安机关人民警察现场制止违法犯罪行为操作规程》中规定的可采取的强制手段由轻到重依次为：口头制止、徒手制止、使用警械制止、使用武器制止。由此可见，徒手制止在现役警察制止犯罪行为中只是其中一项内容，现役警察徒手和警械控制失效后，可以使用武器。

随卫人员现场制止违法犯罪行为时可以借鉴警察的武力使用的前三项，即口头或眼神制止、徒手控制制止和安保器材制止。但我国的保安是不能使用武器的，在前三项流程不起作用时或在高危风险下保安员只能等待警察赶到现场处置或运用自己的大脑和智慧降服对方。

所以随卫人员的武力使用既可以借鉴警察的方法，又不能完全照搬。"徒手控制术"更加强调"精细管理，分级使用"，即把风险分为高、中、低三级，不同的风险级别运用不同的技法、击打和控制人体的不同部位，同时"徒手控制术"也不限于只是使用双手，还有使用安保器材（比如警棍）制服对方的用法和技术，这样既合理、又有效，既安全、又管用。

技能要求

一、工作名称

处置随身护卫勤务中出现的突发情况。

二、工作准备

（1）熟悉随身护卫工作中常见突发事件的类型。
（2）准备好必要的通信设备和应急设备。
（3）准备好护卫对象常用药物及急救箱。
（4）准备好必要的防护设备。

三、工作程序

1. 针对暴力袭击的处置

在随身护卫勤务执行过程中，一旦发生暴力袭击事件，应参照下面的方法适时进行处置。

首先应该采取单人或多人配合的方式，用徒手或器械控制术，及时有效地制止暴力袭击行为的继续或升级。

在上述基础上，带随卫对象迅速撤离到安全场所。

在条件允许的情况下，随卫人员应运用防卫技术控制暴力袭击实施人，并按照工作分工，一组带离随卫对象，另一组视情况及时报警并配合警方进行处置。

如果出现受伤等情况，要按照紧急救护等方面的技术方法及时采取必要的救助措施。

2. 针对非暴力行为的处置

在随身护卫勤务执行过程中，一旦发生非暴力行为妨碍随卫任务的执行时，应参照下面的方法适时进行处置。

首先应该用语言进行提醒和制止。如果语言制止无效，可以视情况采取防卫动作，避免或制止非暴力行为妨碍勤务的完成。

在处置非暴力行为对勤务任务的妨碍过程中，随卫人员要细心观察，密切注意现场情况的变化。随着事态的升级，非暴力妨碍行为有可能上升为暴力袭击，随卫人员则应按照武力分级的原则，采取适当方法进行处置。

3. 针对意外事故的处置

意外事故的发生大多数是由于人为的疏忽、设备的老化及其他意外因素造成的。在护卫过程中，预防意外事故的发生是随身护卫工作的一个重点。有效控制意外事件的发生，需要及时发现这些意外事件的前兆，并采取措施，提前化解。

① 及时发现意外事故现场。
② 随时保持与主管领导的联系，发现问题及时汇报。
③ 如果出现人身伤害事故应及时救援。
④ 尽量控制事故现场的局势，保障人身安全为第一准则，量力而行。

4. 针对自然灾害的处置

为了做好自然灾害的处置，应该从以下两方面着手开展工作：

一是提前了解和预测发生自然灾害的可能性，做好研究和预判；

二是做好应对自然灾害事故的充分准备，包括心理、身体、器材等方面的准备。同时要熟悉相关预案，并能够按照预案要求，熟练完成所有的动作。

前面也提到自然灾害是我们护卫工作中，最难控制的一类安全事件。因此，当遭遇自然灾害时，一定要保持冷静，注意团队配合，听从领导的指挥，在法律允许的情况下，尽可能地保证人身安全，以护卫对象为工作中心，将灾害损失降到最低。

为更好的应对灾害，随身护卫人员需要了解必要的防灾减灾常识。在此基础上，随卫人员还需要按照减灾防灾的工作程序和原则做好随卫工作。

① 调查活动区域是否处于某类灾害高发区域。
② 根据调查结果做好各种应对灾害的准备工作。
③ 定期检查各种减灾防灾的设备、器材的性能，要及时更换不能正常使用的设备和器材。
④ 当遇到灾害时要保持冷静，尽可能发挥团队合作优势，相互配合，尽可能地将灾害损失降到最低。
⑤ 当遇到灾害时，随卫人员应该及时向上级领导或者是相关部门汇报情况，及时获得支援或指导。
⑥ 如果发生地震、火灾等灾害时，我们需要及时将护卫对象转移到安全区域。
⑦ 如果在获得支援后，尽可能与支援人员取得联系，通报所有已知信息，便于支援人员能够尽快投入工作。
⑧ 如果不能将护卫对象及时转移到安全地区，则应寻找尽可能安全的地方，最大限度保障护卫对象和其他人员的安全。
⑨ 在确保安全的前提下，根据现场情况及时施救，保护好现场，注意防止次生灾害的发生。

5. 针对疾病的处置

随身护卫勤务执行过程中，主要应针对慢性疾病和突发疾病，做好应对和处置工作。

在随卫勤务执行过程中,针对慢性病的处置,重点要关注原有的心脑血管疾病,是否由于剧烈运动、意外刺激或压力过大等因素促使病情加重,危及生命安全。

在随卫勤务执行过程中,针对突发疾病的处置,重点要关注运动创伤导致的失血、骨折;食物中毒导致的呕吐、腹泻、晕厥;由于蚊虫叮咬导致的突发疾病;传染病疫情导致的突发疾病等。

在随卫勤务执行过程中,如果相关人员病症发作,则应按照基础培训中的紧急救护常识,运用相关方法进行适当处置。

相关链接

第三节　任务总结

学习目标

(1) 了解任务总结的概念;
(2) 熟悉信息反馈的方法;
(3) 掌握相关资料的归档保存;
(4) 能对随身护卫勤务中的任务进行总结。

知识要求

一、任务总结

任务总结是指针对已完成的工作,为提高和改进今后的工作而进行的回顾、检查、分析、评价及总结经验教训所形成的文字材料。撰写任务总结是做好随身护卫工作的重要环节。由于随身护卫工作的复杂性和变化性,可能每次从事的随身护卫勤务的客户情况、活动环境、行进路线、所面临的安全风险隐患等都不一样。随身护卫工作又是一项实践性非常强的工作,只有通过不断的实践,归纳总结,才能逐步积累随身护卫工作经验。因此,每次任务完成后,要通过撰写任务总结,来全面、系统地了解已完成的工作情况,正确、客观地认识工作中存在的优缺点,明确下一步工作的方向,不断提高随身护卫工作效率。

二、信息反馈

在随身护卫任务结束后,获取相关信息反馈是非常必要的。通过获取内部与外部的信息反馈,为不断改进工作,提高工作效果,提供有效、客观的依据。

1. 内部信息反馈

内部信息反馈主要通过随身护卫勤务的参与人员获得。由于这些人员都亲自参与了勤务的执行,有切身的感受,对勤务执行过程哪些环节存在问题都比较清楚,从他们那里可以获得一手资料。

2. 外部信息反馈

外部信息的反馈主要从客户那里获得。随身护卫勤务尽管具有其特殊性，但也是一种保安服务项目，其目的也是为客户提供安全服务。因此，客户的满意度是衡量随身护卫勤务效果的重要标准之一。在随身护卫勤务执行过程中或结束后，应该及时获得客户对勤务效果的反馈。

三、相关资料归档保存

在总结工作结束后，要对相关资料进行归档保存。

1. 存档资料的内容

需要进行存档的资料包括：风险评估登记表、信息采集表、随身护卫勤务执行方案、事故报告、勤务记录、任务总结报告、总结会议记录、客户满意度调查记录等内容。

2. 归档系统

资料的归档有很多不同的形式。在保安行业最常见的资料归档形式是按照项目的时间顺序归档，把与该项目有关的资料放在一起，这会给以后文档的查询带来很大的便利。对于归档的资料要以正确的方式加以维护，由于归档的资料中涉及客户的资料、勤务执行的具体措施等一些敏感信息，因此要设定严格的归档资料查询制度，只有经过授权的人员才能查询相关的资料，并且在查询完后要及时归还原处。不按照归档系统要求进行归档管理容易导致关键信息的丢失、外泄，带来负面的影响。

3. 归档方式

归档资料可以用纸质文件或电子文件的方式存储。纸质文件可以通过扫描的方式转化成电子文件形式进行保存，电子版文件也可以通过打印的方式以纸质形式进行保存。电子存储方式由于其存储量大、易于保存、易于携带、易于查询、可以通过网络异地调取等优点，正在被越来越多的保安从业单位采用。但是在采用电子存储方式时，要注意防止电脑病毒的侵害，要使用专门的计算机进行储存，严格管理电子资料的拷贝，禁止私自将电子资料外泄。

技能要求

一、工作名称

随身护卫勤务中的任务总结。

二、工作准备

（1）汇总在随身护卫勤务中形成的各种资料。
（2）准备文档撰写所需的各种设备，如纸、笔、计算机等。
（3）准备必要的沟通工具，如电话、网络等。
（4）准备资料存档所需工具、设备，如档案柜、计算机、移动硬盘等。

三、工作程序

1. 撰写任务总结

撰写任务总结一般包括四个部分的内容：

① 基本情况介绍，包括客户的基本情况，客户的安全要求，主要活动区域的基本情况，存在的主要安全风险隐患及相应的准备工作等内容；

② 勤务执行的基本情况，包括采取了哪些预防措施，遇到了哪些问题，是怎么解决的等内容；

③ 主要经验、收获，分析任务完成情况的主要原因；

④ 存在的问题，在勤务执行过程中有哪些尚未解决或没有完全解决的问题及原因，并提出改进意见。

2. 获取信息反馈

（1）获取内部信息反馈

对于规模较小、参与人员较少的勤务，可以采取一对一的方式与参与人员进行面谈，这一方式可以使交谈双方拉近心理的距离。参与者还可以一起进行座谈，这种方式可以帮助大家减少拘束感。还可以采取讨论的方式，尤其是针对勤务执行过程中存在的不足，提出各自的改进意见，进行探讨，通过头脑风暴的方式，充分发挥众人的智慧。对于规模较大、参与人员较多的勤务，可以采取召开总结会的形式获取信息反馈。每个参与者可以先对本次任务情况进行总结，总结可以采用 STAR 模式进行。STAR 模式是 Situation（情形）、Task（任务）、Action（行动）、Results（结果）四个词首字母的缩写。通过 STAR 模式，用清楚准确的语言叙述任务的整体情况。整个会议期间，要安排专门人员做好会议记录并存档。

（2）获取外部信息反馈

① 直接观察。这一方法是在勤务执行过程中，通过观察直接获得客户对勤务执行效果的反应。客户在勤务执行过程中，往往会流露出对此次勤务执行效果的真实感受，例如客户的面部表情、肢体动作、语言等，随身护卫人员要注意观察客户的这些信息，如有必要，则需适当调整勤务执行方案，尽量让客户满意。

② 沟通。沟通是获取客户信息反馈常用的一种方法。通过与客户面对面的交谈，可以获取大量的信息，包括客户对此次勤务的整体评价，对勤务执行中一些细节问题的看法，对改进勤务方案的建议等。在沟通时，要认真倾听，做好记录。

③ 其他方法。另外，还可以根据情况，采用电话沟通、电子邮件反馈、问卷调查等方法获取客户的反馈信息。

3. 归档保存相关资料

对在随身护卫勤务中形成的各种资料进行存档保存。纸质资料由于很难进行修改，保留了资料的原始性，对了解当时的真实情形非常重要。因此，如果条件允许，尽量采取纸质和电子两种方式同时进行存储，将纸质资料扫描成电子版形式存储，同时将电子版资料打印成纸版形式存储，纸质资料和电子资料可以相互对照，最大程度避免资料被修改或由于资料丢失可能造成的损失。

本章思考题

1. 随身护卫的概念。
2. 随身护卫具有哪些性质和特点？
3. 随身护卫对象的范围。
4. 简述随身护卫任务相关信息采集程序。
5. 随身护卫勤务中常见安全隐患分哪几种类型？
6. 为较好完成随身护卫勤务，随身护卫要遵循哪些规范制度？

7. 随身护卫现场处置需具备哪几项技能？
8. 随身护卫针对非暴力行为应如何进行处置？
9. 随身护卫勤务任务总结一般包括哪几部分内容？
10. 可以通过哪些方法获得内、外部的信息反馈？
11. 随身护卫武力分级的原则是什么？
12. 随身护卫徒手控制的理念及原则是什么？
13. 随身护卫勤务中，警棍的使用原则是什么？

第四章
安全技术防范

第一节 设备操作

学习单元 1 操作系统终端设备布防、撤防

学习目标

（1）了解安全技术防范系统集成管理平台的基本组成；
（2）熟悉安全技术防范系统集成管理平台的基本功能和操作方法；
（3）掌握常用安防系统布防、撤防的基本要求和注意事项；
（4）能够正确、熟练地操作系统终端设备进行布防、撤防。

知识要求

一、安全技术防范系统概述

1. 安全防范含义

安全防范基本含义是要作好准备和防护，以应对攻击或避免伤害，从而使主体处于无危险、不受侵害、不出事故的安全状态。安全是要达到的目的，防范是所实施的手段，通过防范手段达到或实现安全的目的，是安全防范的基本内涵。

> **相关链接**
>
> 需进一步说明的是，汉语中所说的"安全"，在英语中有 security 和 safety 两个词汇与之相对应。这两个英语词汇在词义上有交叠之处，但细心研究还是有很大区别的。security 所表示的安全，其威胁具有明显的社会人文性特征，含有人为蓄意因素，如非法入侵、盗窃、抢劫、破

> 坏、爆炸等刑事案件和治安案件；而 safety 所表示的安全，其危险源具有明显自然或准自然属性，产生于无意识的失误或突发事件，如自然灾害、环境恶化、生产安全等自然事件。本章所述的安全防范主要指前者，即所针对的安全威胁具有明显的人为蓄意特征。因此，与安全防范语义相联系的"安全"一词英文是用 security 来表示的。

2. 安全防范的基本手段

安全防范中"防范"的手段有多种，但其基本手段可以概括为三种，即：人力防范（简称人防）、实体防范（简称物防）和技术防范（简称技防）。其中人力防范和实体防范是组成防范体系的基础。

人力防范是指执行安全防范任务的具有相应素质的人员或人员群体的一种有组织的防范行为，也包括高素质人员的培养、先进自卫装备的配置以及人员的组织与管理等。人力防范是安全防范工作中人的自然能力的展现，即：利用人体感官（眼、耳等）进行探测并做出反应，通过声音警告、恐吓、设障、武器还击等手段来延迟或阻止危险的发生。在自身力量不足时还要发出求援信号，以期待其他力量帮助制止危险的发生或处理已发生的事件。

实体防范是指用于安全防范目的、能威慑、延迟、阻止风险事件发生的各种实体防护手段［包括建（构）筑物、屏障、器具、设备、系统等］。实体防范的主要作用在于推迟危险事件的发生，为反应提供足够的时间。现代的实体防范越来越多地采用高科技手段，一方面体现在由于新型材料的出现，使实体屏障被破坏的可能性变小，增大延迟时间；另一方面是由于实体设施机电一体化技术以及传感技术的运用，使其由被动防范逐渐向主动防范转变。

技术防范是利用各种电子信息设备组成系统和网络，以提升对财务类风险事件进行探测、延迟、反应能力和防护水平的电子防护手段。技术防范是人力防范和实体防范功能及性能的延伸和加强，它要融入人力防范和实体防范之中，使人力防范和实体防范在探测、延迟、反应三个基本要素中间不断增加科技含量，不断提高探测能力、延迟能力和反应能力。

在科学技术迅猛发展的时代，安全技术防范的作用越来越重要，但是，任何高科技的技术防范产品、系统的应用，都离不开实体防护设施，都要靠高素质的操作人员和高水平的组织管理才能充分发挥其威力。所以，要使安全防范系统真正发挥作用，为公众人身、财产安全提供高质量的服务，只靠单一的防范手段是不行的，必须将人防、物防、技防有机结合，才能有效地预防和制止各类违法事件的发生。

3. 安全防范的基本要素

安全防范的三个基本要素是探测、延迟与反应。

探测是指感知显性风险事件或隐性风险事件的发生并发出报警的手段；延迟是指延长或推延风险事件发生进程的措施；反应是指为制止风险事件的发生所采取的快速行动。

在安全防范的三种基本手段中，要实现防范的最终目的，都要围绕探测、延迟、反应这三个基本防范要素开展工作、采取措施，以预防和阻止风险事件的发生。当然，三种防范手段在实施防范的过程中，所起的作用有所不同。探测、延迟和反应三个基本要素之间是相互联系、缺一不可的关系。探测要及时准确，延迟时间长短要合适，反应要迅速。三者在时间上应满足下面的表达式：

$$T_{反应} \leqslant T_{延迟} - T_{探测}$$

其中：$T_{反应}$ 为反应时间；$T_{延迟}$ 为延迟时间；$T_{探测}$ 为探测时间。

即反应时间应小于（或至多等于）延迟时间与探测时间之差。

技防系统及时准确的探测，反应力量（人防）就能把握制胜的主动权；充足合理的延迟，才得使反应有效，最终使风险事件发生得到有效预防和制止。各要素间的有机联系，是安全防范系统与彼此无关的若干防范手段或措施的集合体的重要区别，也正是这种区别和防范理念，使安全防范从被动到主动，产生了质的飞跃。

4. 安全技术防范系统

以维护社会公共安全为目的，运用安全防范产品和其他相关产品所构成的入侵报警系统、视频安防监控系统、出入口控制系统、防爆安全检查系统等；或由这些系统为子系统组合、集成的电子系统或网络，称为安全技术防范系统。按照现行标准，安全技术防范系统（子系统）主要包括：入侵报警系统；视频安防监控系统；出入口控制系统；电子巡查系统；停车库（场）管理系统；防爆安全检查系统等。

安全技术防范系统的建立对犯罪嫌疑人和心怀不轨之人具有强大的威慑作用，给想作案者一种心理上的压力，使其放弃作案念头，有效地减少案件发生。具体地说，每个子系统的作用又不尽相同。

（1）入侵报警系统

入侵报警系统是利用传感器技术和电子信息技术探测并指示非法进入或试图非法进入布防区域的行为，处理报警信息、发出报警信息的电子系统或网络。其主要作用是快速报警，将现场的威胁信号及时准确的探测和报警，这不仅可以减少人员、财产损失，还为现场抓获犯罪嫌疑人提供可能。入侵报警系统不仅能代替人的感觉器官之探测功能，还能延伸和极大地提升感觉器官之灵敏度，使得在各种情况下（白天、黑夜、水下等）均能做到快速报警。

（2）视频安防监控系统

视频安防监控系统是利用视频技术探测、监视设防区域并实时显示、记录现场图像的电子系统或网络。其主要作用是实时监控和事后分析查证。实时监控是指系统不间断地监控记录，值机人员通过摄像机拍摄并在监视器屏幕上发现犯罪嫌疑人，再通过系统的操作对其进行跟踪等过程；事后查证是指通过查找视频安防监控系统记录下的犯罪嫌疑人体貌特征、犯罪活动的视频及音频信息，为迅速破案提供证据。

（3）出入口控制系统

出入口控制系统是利用自定义符识别或模式识别技术对出入口目标进行识别并控制出入口执行机构启闭的电子系统或网络。其主要作用是对外防范和对内管理。出入口控制系统能有效地控制人员、物品出入，并记录出入的详细情况，为事后查证提供有力证据，是安全防范的有效措施之一，也是现代化管理不可缺少的系统之一。

（4）电子巡查系统

电子巡查系统是对保安巡查人员的巡查路线、方式及过程进行管理和控制的电子系统。其主要作用是对巡查人员进行管理。

（5）停车库（场）管理系统

停车库（场）管理系统是对进、出停车库（场）的车辆进行自动登录、监控和管理的电子系统或网络。它的主要作用是对车辆进行管理。

（6）防爆安全检查系统

防爆安全检查系统是检查有关人员、行李、货物是否携带爆炸物、武器或其他违禁品的电子设备系统或网络。其主要作用是发现各种爆炸物品和违禁物品。

二、安全技术防范系统集成平台的基本组成

当前，随着人们对安全的需求越来越高，安防产品多样化的趋势越来越大，安防工程包含的系统也将越来越多。因此，将众多相互独立却又有内在联系的各个子系统统一管理，将是集成管理平台的发展方向。

安全技术防范系统集成平台也叫安全管理系统平台（简称安防集成平台），该平台不仅是将传统的安全技术防范各子系统集成在一个平台上，而且是以搭建组织机构内的安全管理平台为目的，利用综合布线技术、通信技术、网络互联技术、多媒体应用技术、安全防范技术、网络安全技术等相关设备、软件进行集成设计、安装调试、界面定制开发和应用支持，并以计算机为核心、结合 IP 视频技术、计算机网络技术为一体的网络监控系统。它可以在一个中央监控室内对整个防范区域内的视频安防监控、入侵报警、出入口控制、电子巡查、安保管理信息等子系统集中进行监视和控制，使各相对独立的子系统在报警处理和联动控制等方面更加协调一致地工作，一方面，易于综合利用防范区域的地理空间和共用的管理基础信息，实现高效观察和调度指挥，节省人工成本；另一方面，可使有关安全防范信息数据实现全局处理，提高警情研判和分析能力，更加便于系统的智能化。同时，也可以实现各子系统安全互备。

目前常用的安防系统集成平台，是由视频安防监控系统、入侵报警系统、出入口控制系统（包含停车场管理系统、楼宇对讲系统等）、多媒体显示与远程会议系统、地理信息应用系统、应急预案与演练指挥系统、警情与系统技术性能研判（分析）系统、安保事件及日常工作管理系统、系统信息与数据维护管理系统等基本应用内容组成。

安防系统集成平台的主要终端包括计算机主机和显示屏、控制鼠标、系统服务器（包括图形和数据库）、监控中心声光报警器等设备。

三、安全技术防范系统集成管理平台的基本功能

1. 用户权限管理

为便于集中管理，软件提供用户分组功能。只有管理员有权对用户组进行设置和操作。管理员可以分配用户到用户组，属于某个用户组的用户即拥有该组的权限。这样的用户权限管理提供了极高的系统安全性。软件具有灵活的密码集中管理功能，只有管理员才能进行密码管理设置。

2. 日志管理功能

平台设置有详尽安全的日志管理模块。系统日志可以对包括进入系统的开始运行和退出、用户登录和注销、错误用户或密码、自动注销、报警、录像及所有用户操作和系统事件进行记录，该记录原则上为不可修改信息。

3. 相关子系统间联动

安防系统集成平台具有灵活强大的报警触发及联动功能，主要体现在矩阵、报警主机和出入口控制系统之间的联动。其实现的功能如下：

（1）报警联动矩阵切换。非法卡刷卡可以直接切换该门对应视频通道的视频信号，使管理者可以在第一时间看到现场的具体情况，并可根据实际情况消警或启动其他报警设备。

（2）报警联动快球。可以设定任一报警发生时，该位置所关联的视频通道会根据预先设定的条件对快球进行操作或调用预置位功能，并且在电子地图上与之关联的图标进行提示。

（3）门禁联动数字硬盘录像机抓拍与录像。系统可以设定刷卡开门等操作，同时根据预先设定的条件进行抓拍现场图像，并可以比较显示照片，避免非法持有者冒充进入。可将非法卡计入日志并报警，并可灵活设置各种刷卡情况的联动动作。

可以设定刷卡开门等操作，同时根据预先设定的条件进行录像，并把录像文件的路径保存在系统软件的进出报表中，和该条刷卡记录绑定；双击该条刷卡记录即可回放该段录像文件。

（4）安防系统与其他专业系统的联动。安防系统除自身各子系统之间的联动外，还可以实现与其他系统的关联联动，实现与 BAS（Building Automation System 楼宇自动化系统）的联动，以及实现与 BMS（Building Management System 楼宇管理系统）的联动等。

4. 视频安防监控系统的监控管理

前端摄像机视频信号的任意切换屏幕显示；前端摄像机编号、位置等信息的屏幕显示；前端摄像机的控制，包括云台、自动变焦镜头等远程控制；监控系统运行参数的设定；主控系统的控制编程，包括视频信号在电视墙的轮流切换、分组切换、报警信号自动调用相关视频信号并进行录像等；可在电子地图上直接调用任意视频信号；设备运行情况、报警信息的表单输出其他相关系统报警信息的输入；视频图像、音频及报警等信息提取、调阅、存储的作业管理。

5. 出入口监控管理

监视门禁系统各级设备的运行状态，门禁设备线路故障报警，在电子地图上显示各门开关状态，在电子地图上显示各门的意外报警，未授权刷卡报警，本系统外的卡刷卡报警，重复进入报警，开门时间过长报警，破坏报警器（门被非正常强制打开）、破坏读卡器、连接线缆、门状态感知器等。同时，具有人员出入情况记录、统计，报警联动信号输出等功能。

6. 防盗报警监控管理

具有前端报警探测器的运行状态、报警线路故障、事件报警等信息显示，该报警信息可通过地理信息界面直观显示报警地点、事件、报警类型、警情态势。同时，具有对报警记录报表进行多类型统计显示。

具有报警及联动信号输出、紧急求助、布防/撤防联动控制管理和警情后控制处理等功能。

7. 电子巡更监控管理

对保安人员持有的巡更读卡器或定位装置，对巡更人、巡更时间和路线进行设置和维护，并可通过电子地图显示巡更人的巡更路线。

8. 预案维护管理

系统可根据报警位置、类型、警情事态、时间、目标对象等综合信息设置，联动相应预案数据库，弹出相关预案，指导安保人员进行事件处置。

9. 各类信息与报警事件统计管理

具有对系统各类信息和报警事件按照不同的报表类型进行统计排列，打印报表等功能。

平台还可对所属各系统主要软硬件资产数据信息进行维护管理，报告或显示主要设备安装位置、网络结构、运行状态、故障报警等信息。

图 4-1，图 4-2 为浙江宇视科技有限公司推出的典型集成平台界面示例。

扫二维码观看安防集成管理平台的登录和平台界面的设置。

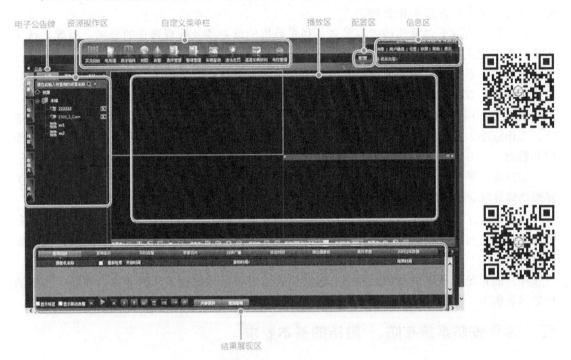

图 4-1　集成平台界面（一）

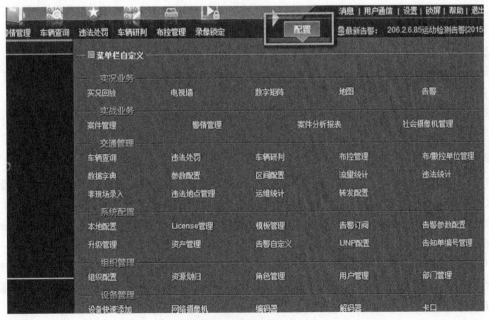

图 4-2　集成平台界面（二）

四、安全技术防范系统集成管理平台操作方法

安防系统集成平台是通过计算机软件的设计,实现对系统内各相关设备(含子系统内的)进行功能模块的菜单化管理。

由于系统集成平台管理的内容较多,很多数据的维护涉及管理责任的分工,因此,这里主要介绍三类人员的管理。

第一类,系统技术维护人员:这部分人员主要对系统出现故障后,通过约定的权限密码进入系统中,观察系统各类工作状态和报警信息,以指导对系统软件进行维护。

第二类,用户系统管理员:这部分人员主要对系统中的参与相关人员基础信息、工作规范、工作标准、报警阈值、设备安装初始信息、预案信息、功能使用权限及密码信息进行维护和管理。

第三类,平台值机人员:这部分人员主要通过观察报(预)警信息,通过操作授权在相关界面功能菜单导航下进行控制设备和调阅数据库。这类人员一般不做基础信息的数据维护。

上述相关工作的操作,需要通过预先管理制度下所授权的职能,按照给予权限的账号和密码登录后方可进行控制、监看和数据维护。特别是第一类人员和第二类人员所进行的数据信息维护,应当在工作日志上进行记录。

用户的系统管理维护员和监控中心值机员都可通过系统监控平台的界面,在相关功能的导航键界面下,用鼠标点击,逐级进入相关工作界面进行工作。

五、常用安防系统布防、撤防的基本要求

1. 防盗报警系统的防区类型

安防系统的防盗报警系统中的一个传感器(包括紧急按钮)为一个防区,防盗报警系统的防区类型可归纳为三类。

第一类,不可撤防防区(24小时防区):任何时候触发都有效。如紧急按钮、消防的烟雾传感器和有害气体传感器等。

第二类,可撤防不延时防区(即时防区):授权可进入防区人员回来后可撤防,离开时布防;一旦触发立即有效,如防盗的红外线传感器、门(窗)磁传感器等。

第三类,可撤防延时防区(延时防区):授权可进入防区人员回来后可撤防,离开时布防;当触发后,延时一段时间才有效,在这段时间内可撤防,如防盗的门磁传感器。

2. 报警系统中各类型报警防区的主要作用

(1) 24小时防区:一直处于激活状态,不论撤防、布防与否,只要触发就立即报警。

(2) 即时防区:布防后,触发了即时防区,会立即报警。

(3) 延时防区:布防后,所设定的延时防区在进入/退出延时时间结束之后触发才报警。

(4) 旁路防区:若某防区允许旁路,则在布防时,输入[用户密码]+[旁路]+[防区编号]+[ON]将旁路该防区。撤防时所旁路的防区将被清除(24小时防区不可旁路)。

(5) 静音防区:布防后,触发了防区的报警为静音报警,键盘和报警输出无声/无输出,只通过数据总线将报警信号传到中心。

(6) 周界防区:当周界布防后,触发了周界防区,都会立即报警。

(7) 周界延时防区:当周界布防后,所设定的延时防区在进入/退出延时时间结束之后触发才报警。

3. 报警系统主要操作与应用

报警系统主要的操作包括布防、撤防与旁路。

（1）外出布防：外出时的布防状态，所有未被旁路的防区都处于戒备状态。

（2）留守布防：夜晚的布防状态，除活动防区外，其他防区都处于戒备状态。

（3）定时布防：设置时间后，系统自动布防，不需要手动操作。

（4）智能布防：输入用户码或主人码，在撤防状态下，系统自动选择进入留守布防还是外出布防。如果在智能布防延时期间没有触发延时类的防区，则自动转为留守布防；如果触发了延时类防区，则进入外出布防。

（5）撤防：清除发生的警情。关闭报警主机的出入防区，活动防区，周边防区的功能；其他类型防区依旧处于戒备状态。

（6）旁路：在布防时，使某个或某些防区不加入布防。

在安防系统中，主要用到了 24 小时防区、即时防区、延时防区。24 小时防区：如在电梯内设有紧急按钮，无论是否布防，都要求紧急按钮触发时产生报警联动视频；即时防区：如某个园区，要求夜间人员闯入园区时报警联动录像，则需要将夜间设置成布防时间；延时防区：如库房门（窗）磁，当值班人员到岗后可撤防，离岗时布防。其中后两个的布防撤防操作可自定义，比如按白天黑夜为界，或者以是否有人员值班为准。

六、常用安防系统布防、撤防的注意事项

探测器所监测的区域在系统中占用一个防区，一旦这个区域出现突发情况，则在系统中可以及时发现。除了一些设置 24 小时报警的防区，普通的防区被触发不一定报警，只有在进行布防操作后，系统才会检测所有防区的触发状况，并发出警告（没有布防时虽然不会报警，但往往会有触发的显示）。因此，当系统中有非 24 小时报警防区存在的情况下，应提醒安全管理人员在每天合适的时间布防和撤防。

根据需要，不同的防区我们可以设置成不同的类型，如我们最常用的周边防区类型（布防后，一旦触发就报警，无延时），布防后也可以允许出入的防区（只要在出入延时结束前，取消报警允许），跟随出入防区之后报警的内部报警（若触发出入防区后，在延时阶段再触发内部报警防区，则无视延迟立刻报警），24 小时报警防区等，可以满足我们对于报警防区不同的需要。

周界防区一般也设定为 24 小时报警，任何时间有人翻越墙头会引发报警。但由于周界报警系统通常误报率比较高，在现场其他安保措施很完善的情况下，可以应甲方要求改为普通的周边防区类型（布防后触发才会报警），要有书面保证。

需要注意的是，所有探测器的防拆模块和紧急按钮都必须设置为 24 小时报警，保证无论系统布防与否，一旦有人试图拆卸探测器，或是按下紧急按钮，都会第一时间在安保中心发出报警。

技能要求

一、工作名称

操作系统终端设备进行布防、撤防。

二、工作准备

打开安防系统集成平台主界面，按照赋予的权限，通过账户及密码进行登录。

三、工作程序

1. 布防设置（告警配置）操作

安防系统的区域是否安全，设备状态是否异常，是否按计划启动以及各种异常情况，我们需要用到布防配置功能，实现相应管理工作。扫二维码观看告警联动设置视频。

（1）点击首页中"配置"（见图4-3）。

图4-3

（2）点击"业务管理"中的"告警配置"，就进入告警配置界面（见图4-4）。

图4-4

（3）在告警业务配置界面中，点击"告警联动"，就进入告警联动配置界面（见图4-5）。

图4-5

（4）在告警联动配置界面中，双击"视频类告警源"选中需要布防的摄像机（见图4-6）。

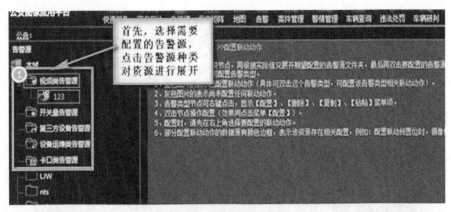

图 4-6

（5）将需要布防的摄像机双击展开，选择需要布防的告警类型（以"运动检测告警"为例）（见图 4-7）。

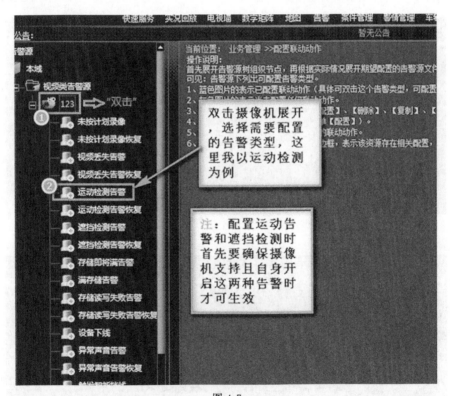

图 4-7

（6）首先，鼠标右键点击"运动检测告警"，再点击配置进行告警联动配置（见图 4-8）。

（7）进入界面，选择配置联动动作（以"联动警前录像与实况到用户窗格"为例），点击下方"配置动作"，进行业务配置（见图 4-9）。

（8）进行联动业务配置，操作步骤是：切换为初始数据源→选中需布防的摄像机→增加到列表→根据需求进行列表中业务配置→切换为用户数据源→选中接收报警的用户→增加到列表→点击确定（见图 4-10，图 4-11）。

（9）进入保存界面，点击下方"确定"按钮后，确认配置是否成功（见图 4-12）。

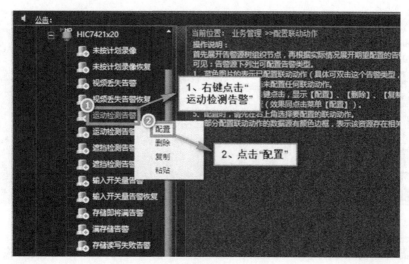

图 4-8

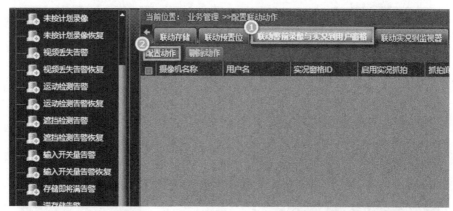

图 4-9

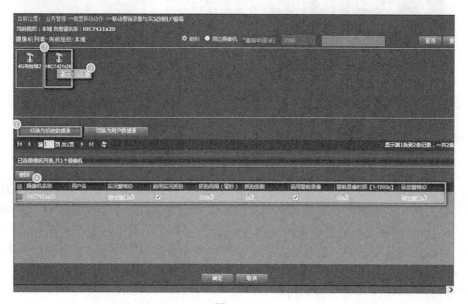

图 4-10

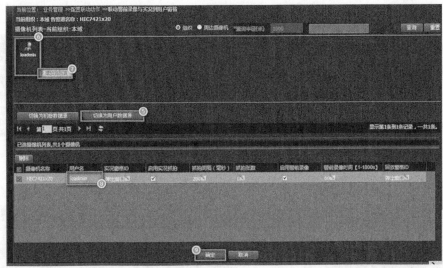

图 4-11

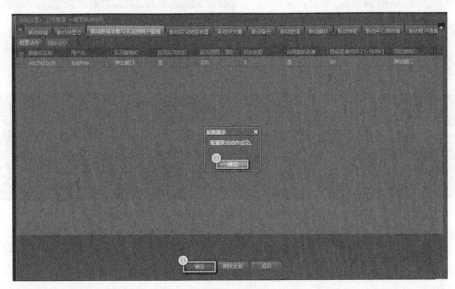

图 4-12

2. 布防计划配置（告警计划）操作

安防系统布防配置完成后，需要通过布防计划设置启动相应布防设置功能，实现相应管理工作。扫二维码观看布防操作视频。

（1）点击首页中"配置"（见图 4-13）。

图 4-13

(2) 点击"业务管理"中的"告警配置",就进入告警配置界面(见图4-14)。

图 4-14

(3) 在告警配置界面中点击"布防/告警级别配置"进入配置界面(见图4-15)。

图 4-15

(4) 进入"布防计划/告警自定义"界面,输入布防位置"告警源名称"例如园区大门,点击查询,点击下方列表中" "选择"运动检测告警布防计划"点击进入即可(见图4-16)。

图 4-16

(5) 进入"布防计划"配置界面,输入"计划名称",并设置计划"时间周期",点击确认完成"布防计划"配置(见图4-17)。

(6) 点击确认后,弹框提示"配置布防计划成功"(见图4-18)。

当摄像机触发运动检测告警,并上报给监控平台后,便会联动弹出窗格。

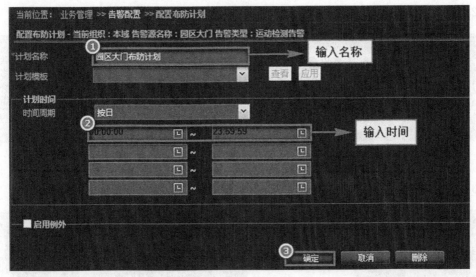

图 4-17

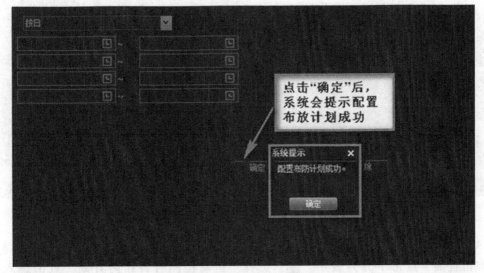

图 4-18

3. 撤防配置操作

安防系统布防系统启动后，如要取消或撤销某项目防区，就需要启用撤防配置，实现相应管理工作。扫二维码观看撤防操作视频。

（1）点击首页中"配置"（见图 4-19）。

图 4-19

（2）点击"业务管理"中的"告警配置"，就进入告警配置界面（见图4-20）。

图 4-20

（3）在告警配置界面中点击"布防/告警级别配置"进入配置界面（见图4-21）。

图 4-21

（4）进入"布防计划/告警自定义"界面，输入布防位置"告警源名称"例如园区大门，点击查询，点击下方列表中" "选择"运动检测告警布防计划"点击进入即可（见图4-22）。

图 4-22

（5）进入"布防计划"配置界面，点击右下方"删除"按钮，即可完成撤防（见图4-23）。
（6）点击"删除"后，系统自动弹框提示"删除布防计划成功"（见图4-24）。

图 4-23

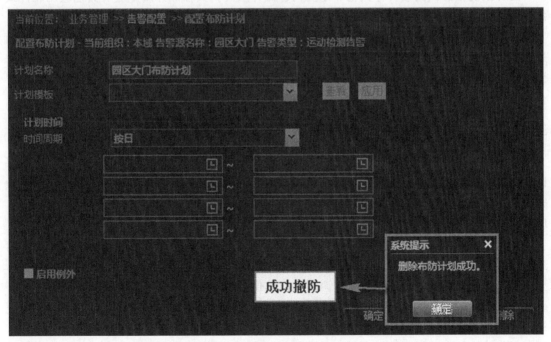

图 4-24

学习单元 2　系统视频、音频及报警信息的提取、调阅和存储操作

> **学习目标**
>
> （1）掌握安全技术防范系统信息存储调阅设备操作规范；
> （2）熟悉安全技术防范系统信息存储调阅设备操作管理要求；
> （3）能够正确、熟练地操作系统视频、音频及对报警信息进行提取、调阅和存储。

> **知识要求**

一、安全技术防范系统信息存储调阅设备操作规范

对于安防系统集成平台的信息存储备份，操作员须根据要求做好系统信息的存储备份工作。一般情况下，系统会按照本单位管理要求，通过设置时的备份周期条件，系统自动备份。但在本单位有特定情况下，需要人工操作进行对特定时间、特定备份所需要的介质、特定内容进行信息备份。

进行系统信息调阅或转存其他非系统内存储介质时，其存储介质不应有其他应用软件或信息内容，以防止外部介质病毒对系统的感染。

安防系统信息存储及调阅是安防系统安全的保障。系统信息记录着运行期间的状态，通过信息可以及时观察到系统的异常，保证系统的稳定。安防系统集成平台中对系统信息有着详细的记录，也对报警、故障等重要信息明确分类。信息存储与调阅保证了安防系统集成平台的稳定，并能对出现的故障作出及时的提示。

二、安全技术防范系统信息存储调阅设备操作管理要求

系统信息主要记录系统布防、撤防、报警、故障等信息，是安防系统集成平台稳定的保证。所以要求操作员定期检查系统信息，对出现的问题做好记录，及时汇报给维护人员。做完问题记录，需要周期性对记录进行整理、归档并汇报，如同一问题在短时间内多次出现，应及时让维护人员尽快解决问题，保证系统稳定性。

按照国家相关法规及本单位管理制度要求，任何人员不得擅自修改、删除周期内系统信息的原始记录。对于信息的调阅应严格做好保密工作，并做好调阅记录。对于信息的调阅，要求按照调阅人员、监督调阅人员、调阅人或单位身份、调阅时间、调阅用途、调阅内容等事项进行登记，如需要调用涉及私密关键的信息，必须征得相关领导的同意。最后，应对记录的登记表进行备份留档。

进行系统信息调阅时，应由两人以上共同实施。

第四章　安全技术防范

技能要求

一、工作名称

系统视频、音频及报警信息进行提取、调阅、存储操作。

二、工作准备

（1）打开安防系统集成平台主界面，按照赋予的权限，通过账户及密码进行登录。
（2）数据管理服务器正常运行且网络连通（低端网络存储不需要配置 DM）。
（3）IP SAN 设备正常运行且网络连通。

三、工作程序

1. 实时查看与查询回放操作

（1）安防系统集成平台的实时查看是用户最常用的操作，即实时查看指定摄像头的图像。方法是：在资源操作区的组织下找到设备进行实况浏览。操作步骤如下，资源→本域→摄像头，双击摄像头，会在选中的视频窗口弹出实时画面，也可以拖动相应摄像头到指定的窗口（见图 4-25）。

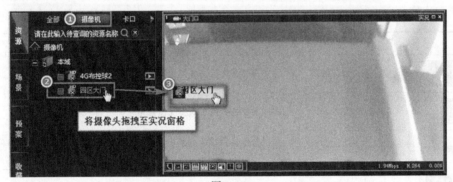

图 4-25

（2）如果想关闭当前窗口视频，可以单击鼠标右键，选择"关闭"；或者单击并选中当前窗口视频，按"Alt＋X"键以及单击浮动窗格右上角。如果想全部关闭查看的视频，在实况区域单击鼠标右键选择全部关闭按钮，即可全部关闭视频窗口的所有图像（见图 4-26）。

图 4-26

(3) 将鼠标放在播放的图像上可以看到实况窗格左下角的窗格浮动工具栏,以及在整个播放区下方有窗格工具栏,通过这些工具栏进而针对图像进行一些操作(见图 4-27)。

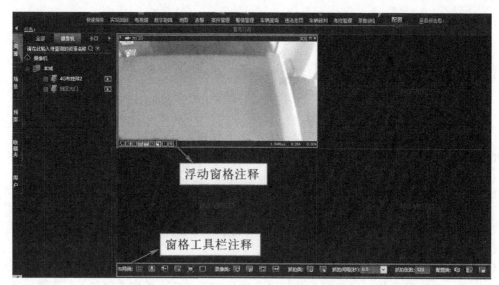

图 4-27

窗体浮动工具栏各操作按钮功能见表 4-1。

表 4-1 窗体浮动工具栏操作按钮功能表

项 目		操作功能
	启动/停止语音对讲	实现与该摄像机连接的编码器或 IPC 进行语音对讲
	单张抓拍	对当前窗格中播放的实况图像单张抓拍到本地
	启动/停止连续抓拍	对当前窗格中播放的实况图像连续抓拍到本地,再次单击则停止连续抓拍
	启动/停止本地录像	对当前窗格播放的实况录像到本地,再次单击则停止本地录像
	启动/停止中心录像	对当前窗格播放的实况录像到中心配置的存储设备上,再次单击则停止中心录像
	启动/停止数字放大	对当前窗格播放的实况进行局部图像放大,以便能更好地查看所关心的图像细节,再次单击则停止数字放大
	启动/停止即时回放	播放从当前时间点到之前 24 小时内的录像
	触发紧急事件	触发紧急事件告警 提示:建议先对紧急事件告警配置联动动作,每点击一次该按钮,就会向系统上报一次告警,并执行相应的告警联动动作;还可在实况回放页面通过资源列表或播放窗格的右键菜单触发紧急事件告警,详见通过窗格播放实况
	图像参数调节	调节当前窗格正在播放实况的摄像机参数和窗格参数

窗格工具栏操作按钮功能见表 4-2。

表 4-2　窗格工具栏操作按钮功能表

项　目		操作功能
	布局切换	切换窗体的分屏布局（支持走廊模式）
	保存为组显示	把正在播放的所有实况、组显示、轮切或轮巡的摄像机和客户端窗格布局关系保存为组显示
	选中窗格最大化/还原	窗格最大化/还原
	关闭所有窗格	关闭所有窗格
	全屏显示	窗体全屏显示
	恢复窗格业务	恢复上次业务操作时的窗格业务，包括分屏模式、实况业务、轮切业务
	启动/停止所有窗格本地录像	对正在使用的所有窗格进行本地录像，再次单击则停止所有窗格的本地录像
	启动/停止所有窗格中心录像	对正在使用的所有窗格录像到中心配置的存储设备，再次单击则停止所有窗格的中心录像
	播放本地录像	在当前窗格中播放已保存或已下载到本地的某个录像文件
	录像合并	对已保存到本地的多个 ts 格式录像文件进行合并
	启动所有窗格本地单张抓拍	对当前播放的所有窗格进行单次抓拍到本地，抓拍预览操作及抓拍图片文件命名规则请参见表格下方的说明
	启动/停止所有窗格本地连续抓拍	对当前播放的所有窗格进行连续抓拍到本地，再次单击则停止连续抓拍
	调节音量	调节音量大小、设置是否静音
	关闭所有窗格对比度增强功能	关闭当前所有窗格的动态对比度增强设置
	发送实况	将当前的实况视频添加为附件，同时展开通信面板

对实况单击右键会出现菜单，具体功能可参考上述工具栏描述。

（4）查询回放指定摄像头的录像，是用户最常用的操作，方法是：在资源操作区的组织下找到设备进行实况浏览，以图 4-28 为例，操作步骤如下，资源→本域→摄像机，点击摄像机后方"▶"图标按钮，系统弹出"查询回放"窗格，输入录像查询起始时间后，点击下方"播放录像"即可在窗格显示回放画面。

（5）画面回放过程中可用鼠标拖拽"快进时间控制条"来变更回放时间点，也可进行播放、暂停等功能，还可以设置录像快进及回退速率以控制播放速度（见图 4-29）。

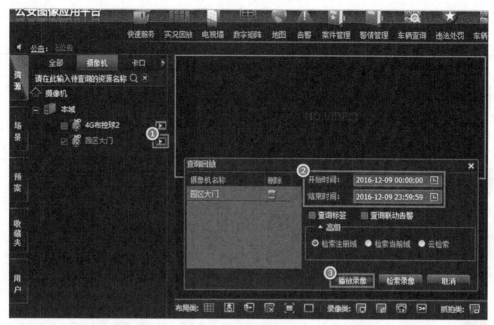

图 4-28

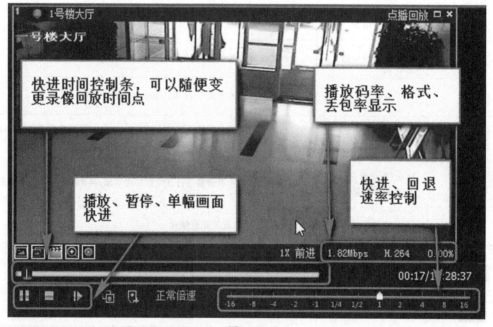

图 4-29

2. 报警（告警）信息的提取与调阅操作

（1）报警信息的实时查看

方法一：当设备触发告警并上报给视频监控系统时，告警信息会出现在右上方的"信息区"（见图 4-30）。

方法二：通过点击左下方的"实时告警"进行查看（见图 4-31）。

方法三：通过"配置"→"实况业务"中的"告警"查看（见图 4-32）。

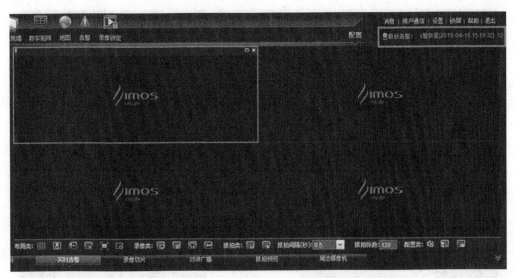

图 4-30

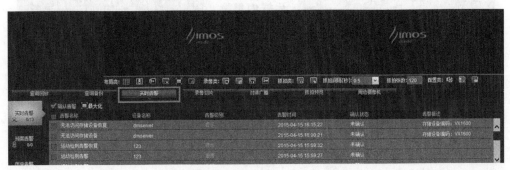

图 4-31

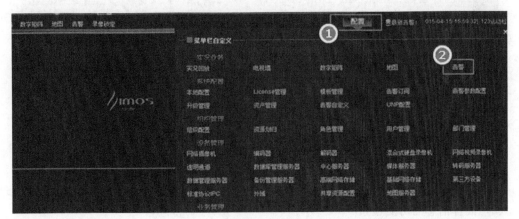

图 4-32

进入"告警"后,我们可以查看当前发生的告警信息,以及确认这些信息(见图 4-33)。

点击"确认告警"后,会弹出告警确认对话框,我们可以在对话框内的"确认描述"中填入相应的标记信息,再点确认(见图 4-34)。

确认后,系统会提示"确认成功"的信息(见图 4-35)。

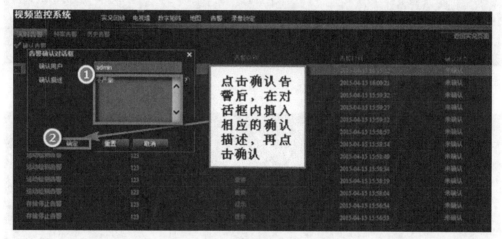

图 4-33

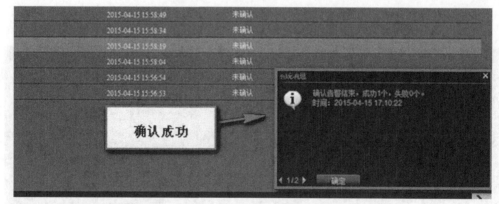

图 4-34

图 4-35

(2) 报警信息的历史检索

查看系统的历史告警信息,通过"配置"→"实况业务"中的"告警"查看(见图 4-36)。

进入"告警"界面,点击左上方"历史告警"按钮,输入搜索条件后,点击"查询"按钮即可查询历史告警相关信息(见图 4-37)。扫二维码观看历史告警信息视频。

图 4-36

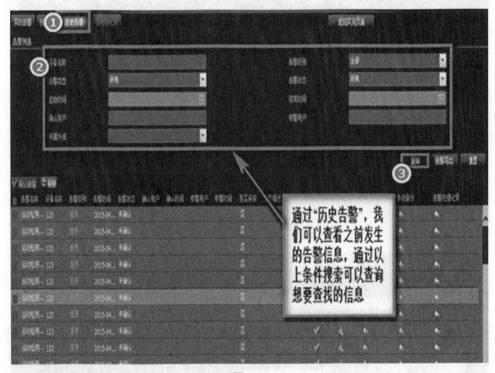

图 4-37

3. 存储设置操作

（1）首先确认数据管理服务器状态是否"在线"，点击系统界面"配置"选中"设备管理"中的"数据管理服务器"，如图 4-38 所示。

（2）确认数据管理服务器状态"在线"，即可对摄像机存储功能进行配置（见图 4-39）。

（3）对摄像头进行存储配置：选中左侧相机列表中摄像机，鼠标右键点击后弹出下拉框，点击界面中的"存储配置"，即可进入该摄像机存储配置界面（见图 4-40）。

（4）进入"存储配置"界面进行摄像机存储相关配置（见图 4-41）。

（5）完成以上配置后，整个存储配置就完成了。

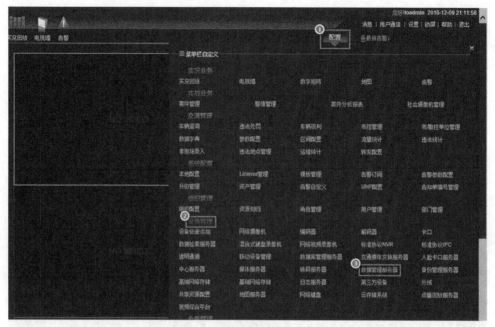

图 4-38

图 4-39

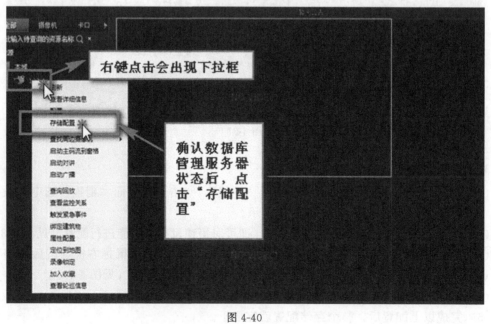

图 4-40

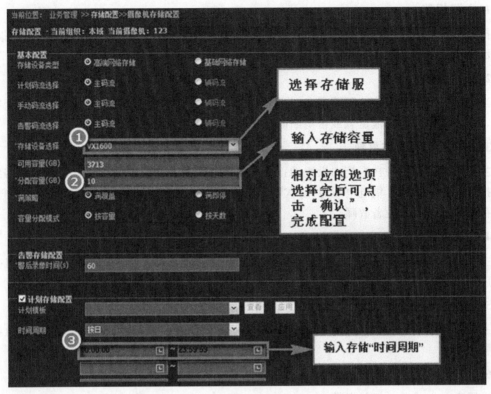

图 4-41

第二节 报警初判

学习单元 1　判别各种报警信息的类型

学习目标

（1）掌握安防系统触发报警信息基本类型和特征；
（2）能够及时、准确地判别各种报警信息的类型。

知识要求

一、安全技术防范系统触发报警信息基本类型

安防系统采用适当的方式（声、光及屏幕）显示报警的结果，这些报警包括前端探测器报警和技术系统设备本身的故障或工作状态报警两大类信息。

1. 入侵报警

报警控制器应能接收来自入侵探测器和紧急报警装置发出的报警信号，发出声光报警，并指示入侵发生的部位确认报警或误报警后，可将系统复位。

2. 通信故障报警

当通信线路发生短路、断路现象时发出报警。主要功能是监控系统的通信线路是否被人破坏，如短路、并接其他负载或被剪断时，故障排除后才能实现复位。

3. 设备超标准状态报警

主要是指一些设备在系统内设置的正常工作标准阈值，当超出阈值时，则会向报警终端推送报警信号。例如：供电电压过压/欠压、设备高温、摄像机图像质量低、前端探测器失效、存储失常等相关设备故障。

4. 防拆报警

主要是对前端设备（探测器、区域控制器）的防破坏功能。当他们被移动或打开机壳时发出声光报警。

5. 紧急报警

系统最高级别的报警，无论布防/撤防，均可即时报警。实际应用主要是接收紧急按钮的报警信号。

6. 延时报警

设置延时方式后，超时报警。

报警控制器的声光功能可配接警铃、普通警号、防拆警号报警。警声有断续、持续、变调三种可选，也可选择无声报警，由键盘发光管指示。

当防区作为出入口时，键盘上的蜂鸣器还可以作为门铃使用，此时出入防区不发出报警，仅是门铃响2秒。

当防区作为延时区时，有人进入或退出时，蜂鸣器还可以发出提示声，也称预警声。表示要此人注意是否超出规定时间，到提示音消失时，则触发超时报警。

7. 比对信息不匹配报警

系统出现与预先设置的管理权限和相关责任要求（含责任人）操作不符合等方面的管理信息发出的报警。

用户在熟悉并使用了以上各种声响之后，值班时会有一种轻松感，因为使用者仅通过声响就可以判断哪个防区有人出入，哪个防区有人超时，哪个防区起火，哪个防区进贼等，提供了判别警情上的便利。

二、 安全技术防范系统触发报警信息的主要特征

报警信息主要作用是提醒相关安保人员，对报警事件及时关注和安排处置。根据前面介绍的报警类型，不同的报警类型表现的特征不同。目前市场上的产品主要有以下两类特征。

1. 事件报警

这类报警主要表现为光闪烁和人们日常状态下可接受的声音分贝量级，并同时伴有在安防系统集成平台界面中图标闪烁显示。在实际使用中，常用的平台外部的报警终端是具有声光表现的警用报警器。当发生这种报警，要求相关工作人员立即进入工作台，查阅报警信息

的重要程度，并组织安排处置。例如：入侵报警、通信故障报警、设备超标准状态报警、防拆报警、延时报警、比对信息不匹配报警等。

2. 紧急报警

这类报警主要用于非常紧急，且刻不容缓需要处置。它表现为短时间隔光闪烁和高强度分贝量级的声音，并同时伴有在平台系统界面中图标闪烁显示。一般情况下，这类报警出现是对事件立即安排处置并行动，以避免人身安全和财产的重大损失。

技能要求

一、工作名称

判别各种报警信息的类型。

二、工作准备

（1）打开系统集成平台主界面，按照赋予的权限，通过账户及密码进行登录。
（2）数据管理服务器正常运行且网络连通。
（3）IP SAN 设备正常运行且网络连通。

三、工作程序

报警信息的类型根据告警源的不同分为视频类告警、开关量告警、第三方设备告警、设备运维类告警以及卡口类告警（通用平台不包含卡口类告警），如图4-45所示。

视频类告警：与监控实况有关的一切告警信息，包括根据实况布置的运动检测、遮挡检测，周界等告警信息，以及通过实况存储的一切告警信息。

开关量告警：IPC，NVR等设备上报给平台的开关量告警信息。

第三方设备告警：友商设备上报的告警信息。

设备运维类告警信息：跟设备或服务器本身状态有关的一些报警，如设备温度，CPU利用率，内存利用率等告警信息，以及通过NVR，EC，DC等设备上报的运动检测、遮挡检测等信息。

卡口类告警：跟智能交通有关的一些告警信息，一般为电警卡口上报的车辆违法信息以及被盗车被抢车等告警信息。

（1）点击首页中"配置"查看告警类型（见图4-42）。

图 4-42

（2）点击"业务管理"中的"告警配置"，就进入告警配置界面（见图4-43）。
（3）在告警配置界面中点击"告警联动"，就进入告警联动配置界面（见图4-44）。

图 4-43

图 4-44

（4）图 4-45 显示五类告警源。

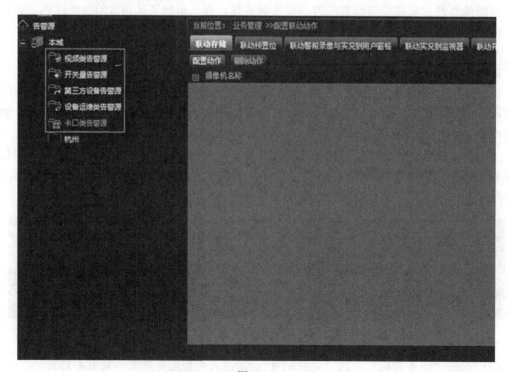

图 4-45

学习单元2　初步研判报警的缘由、位置、紧急与重要程度

学习目标

(1) 了解报警系统的误报原因；
(2) 熟悉报警信息初步研判的基本方法；
(3) 掌握报警信息研判要求及注意事项；
(4) 能掌握初步研判报警的缘由、位置、紧急与重要程度。

知识要求

一、误报的定义及引起的主要原因

关于误报目前还没有一个权威的定义，在我国一般认为："没有危险情况发生，系统发出了报警信号即为误报。"按照这个定义，报警系统的误报率（在一定时间内，系统误报警次数与报警总数的比值）越小越好。在西方一些国家关于误报警的定义是："误报警是指实际情况不需要警察而使警察出动的报警信号，其中不包括那些因恶劣自然气候和其他无法由报警企业以及用户操纵的特殊环境引起的报警信号。"按照这个定义，美国 UL（Underwriter Laboratories Inc 美国保险商试验所）标准规定："每一个报警系统每年最多只能有四次误报警。"

1. 报警设备故障引起的误报

产品在规定的条件下、规定的时间内，不能完成规定的功能，称为故障。故障的类型有损坏性故障和漂移性故障。

损坏性故障包括性能全部失效和突然失效。这类故障通常是由元器件的损坏或生产工艺不良（如虚焊等）造成。

漂移性故障是指元器件的参数和电源电压的漂移所造成的故障。例如：温度过高会导致电阻阻值的变化，此时设备表现为时好时坏。事实上，环境温度、元件制造工艺、设备制造工艺、使用时间、储存时间及电源负载等因素都可能导致元器件参数的变化，产生漂移性故障。无论是损坏性故障还是漂移性故障都将使系统误报警，要减少由此产生的误报警应从以下方面努力。

(1) 报警设备的生产企业必须提高产品的设计水平和工艺水平，在做系统设计的同时，还需做可靠性设计，如冗余设计、电磁兼容设计、三防设计（防潮、防烟雾、防霉菌）、漂移可靠性设计等。在此基础上，提高产品制造过程的可靠性，如对元器件质量的严格筛选，对生产过程进行严格的质量监督管理等，保证产品质量符合有关标准的要求。

销售报警设备的单位或个人应进行严格的进货检验，检验内容为：产品质量检验合格证明；生产企业的工业生产许可证书或安全认证证书或生产登记批准书。

(2) 报警系统建设单位（用户）应在相应的工程文件中明确要求，设计单位选用经授权检测机构检验合格的产品；国外设备要选用正规渠道进口的、按国际先进标准检验合格的

产品。

(3) 为了保证报警系统的良好工作状态，必须建立定期检查、维修制度。更重要的是能提高安全防范系统的可靠性。

2. 报警系统的误报原因

(1) 系统设计不当引起的误报

设备选择是系统设计的关键，而报警器材种类繁多，又各有特点、适用范围和局限性，选用不当就会引起误报。例如，靠近振源（飞机场、铁路旁）选用振动探测器就很容易引起系统的误报；在蝙蝠经常出没的地方选用超声波探测器易使系统误报，这是因为蝙蝠发出超声波的缘故；电铃声、金属撞击声等高频声均可引起单技术玻璃破碎探测器的误报。因此要减少由于器材选择不当引起的误报。系统设计人员要十分熟悉各种报警器材的原理、特点、适用范围和局限性。同时还必须掌握现场环境情况、气候情况、电磁场强度以及照度变化等，以便因地制宜选择报警器材。除设备器材选择之外，系统设计不当还表现在设备器材安装位置、安装角度、防护措施以及系统布线等方面。例如：将被动红外入侵探测器对着空调、换气扇安装时，将会引起系统的误报；室外用主动红外探测器，如果不作适当的遮阳防护（有遮阳罩的最好也作防护），势必会引起系统的误报；报警线路与动力线、照明线等强电线路间距小于1.5米，而未加防电磁干扰措施，系统易产生误报。

(2) 施工不当引起的误报

这部分问题主要表现在以下方面：

① 没有严格按设计要求施工；

② 设备安装不牢固或倾角不合适；

③ 焊点有虚焊、毛刺现象，或是屏蔽措施不得当；

④ 设备的灵敏度调整不佳；

⑤ 施工用检测设备不符合计量要求。

解决上述问题的办法是加强施工过程的监督与管理，尽快实行安防工程监理制，这很有利于提高工程质量，减少由于施工环节造成的误报警。

(3) 环境噪扰引起的误报

由于环境噪扰引起的误报是指报警系统在正常工作状态下产生的，从原理上讲是不可避免的，而事实又是不需要的，属于误报。例如：热气流引起被动红外入侵探测器的误报；高频声响引起单技术玻璃破碎探测器的误报；超声源引起超声波探测器的误报等。减少此类误报较为有效的措施，就是采用双鉴探测器（两种不同原理的探测器同时探测到"目标"，报警器才发出报警信号）。现行的产品有：微波—被动红外双鉴探测器、声控—振动玻璃破碎双鉴探测器、超声波—被动红外双鉴探测器等。但是有些环境噪扰双鉴探测器却无能为力，例如：老鼠在防范区出没；宠物在居室内走动等。为此，科技人员又将微处理技术引进报警系统，使其具备一定的鉴别和思考能力，能在一定程度上判断是入侵者还是环境噪扰引起的报警。

(4) 用户使用不当引起的误报

由于用户使用不当常常会引起报警系统的误报。例如：未插好装有门（窗）磁开关的窗户，夜间被风吹开；工作人员误入警戒区；不小心触发了紧急报警装置；系统值机人员误操作；未注意工作程序的改变等都是导致系统误报警的原因。对用户使用不当进行分析，弄清错误所在，提高使用者的水平，可以大大降低报警系统的误报次数。

二、报警信息初步研判的基本方法

报警初步研判是为了让操作人员在安防系统收到告警时,快速知晓报警原因,并有效便捷的采取应对措施。下面介绍监控平台中,几种常见的报警类型。

(1) 未按计划录像。在配置了录像计划的情况下,由于摄像机离线或硬盘损坏等原因造成无法录像时,系统就会触发"未按计划录像"报警。

(2) 视频丢失报警。在实况中,由于摄像机离线或获取不到等原因造成的实况中断就会触发此告警信息。

(3) 运动检测报警。有动态物体进入摄像机设定的运动检测区域进行持续运动时,就会触发IPC运动检测报警,然后上报给平台显示。

(4) 遮挡检测报警。对摄像机镜头进行一段时间的遮挡会触发IPC遮挡检测报警,然后上报给平台显示。

(5) 存储即满报警。分配给摄像机的存储容量即将不足时,系统会触发此报警信息。

(6) 设备上线/设备下线。当注册在平台上的摄像机、编码器、解码器等设备出现离线/离线后上线等情况时,系统会触发此报警信息。

研判方法主要分为两种,可在安防系统集成平台中历史告警和告警自定义两个路径进入,具体步骤会在下述工作程序中说明。

三、报警信息初步研判要求及注意事项

在报警初步研判中,要求提前对各种报警进行定义。比如客户对存储计划、周界报警比较重视,则可将这几类报警设成紧急状态。

为了保证报警的有效性,需要注意以下几点:
① 确定前端报警源的正常,即一旦触发会向安防系统集成平台回传报警信息;
② 开关量报警需要确认触发方式(高电平/低电平);
③ 在告警自定义中按照需求,配置对应的告警级别等信息。

技能要求

一、工作名称

初步研判报警的缘由、位置、紧急与重要程度。

二、工作准备

(1) 打开安防系统集成平台主界面,按照赋予的权限,通过账户及密码进行登录。

(2) 在IPC与平台上做好必要的配置(例如运动检测需在IPC上开启,存储类报警需在平台上配置完毕)。

(3) 涉及开关量告警的,则需要确认是否连接到带有开关量的设备。

三、工作程序

查看报警信息的紧急程度有两种方式,即报警信息查看与报警配置查看。

1. 报警信息查看方法

(1) 可通过"配置"→"实况业务"中的"告警"查看（见图 4-46）。

图 4-46

(2) 实时查看，告警级别（见图 4-47）。

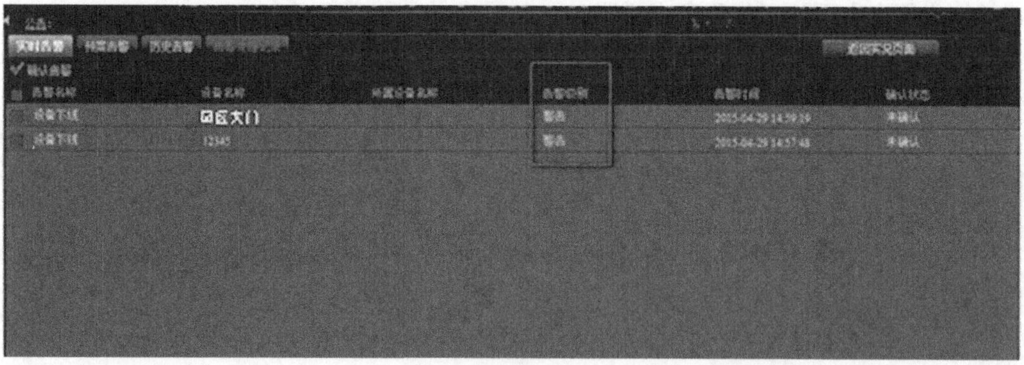

图 4-47

2. 报警配置查看方法

(1) 点击首页中"配置"（见图 4-48）。

图 4-48

(2) 点击"业务管理"中的"告警配置"，就进入告警配置界面（见图 4-49）。
(3) 在告警配置界面中，点击"布防/告警级别配置"进入配置界面（见图 4-50）。
(4) 进入"布防/告警级别配置"界面（见图 4-51）。

图 4-49

图 4-50

图 4-51

（5）选择相应的告警源即可查看相应的告警信息。这里选中摄像机，出现的告警信息则为视频源的告警信息（见图 4-52）。

图 4-52

学习单元 3　报警信息复核、报告与记录

学习目标

（1）熟悉报警信息复核的基本方法；
（2）掌握报警信息的复核规范；
（3）能够正确、及时地对报警信息进行复核、报告与记录。

知识要求

一、报警信息复核的基本方法

入侵报警系统与视频安防监控系统的紧密结合，利用监控功能为感应器的报警增加及时的视频验证性能，从而确定是否需要人们第一时间作出应对，一方面可以降低纯报警系统的误报率，另一方面也使报警现场变得清晰直观，还可以起到事后取证的作用。

在实际使用的过程中，人们发现了将探测器与视频编码整合在一起解决方案的优势。这种解决方案不仅提高了报警系统的准确性，而且大大缩短了响应的时间。

通常缩短响应时间的方法有两种：一是降低操作人员接收与处理报警信息的时间，二是缩短巡逻人员到达事发地点的时间。巡逻人员到达事发地点的时间几乎是很难缩短的，而在纯报警系统当中，每天会接到大量的报警信息，值班员必须花费大量宝贵的时间对所有报警信号进行分析，大多数报警信号又都是误报，所以要真正缩短响应时间和准确判断警情比较困难。如果加上视频复核情况就不一样了，一旦报警，人们可以同时接收到报警信号与视频复核的图像。

与不具备视频安防监控功能的报警系统相比，视频复核报警信号能够让工作人员更加轻松。他们无需致电给事发地点，确认入侵的真实状况，或者通过复杂的程序访问现场的视频监控摄像头。通过视频复核功能，用户就完全能够判断是否需要作出进一步的应对举措，从而大大缩短处理、判断时间，也使得对现场的判断更加准确，响应更为快速。

例如，通常上班时间会有大量的布防与撤防操作、用户不小心触发的报警信号等信号传入中心，由于信号量很大，而且又是白天，很多值班员就没有理会这些信号，而这个时段也是最容易出事的时段，不法分子很可能就会在这个时段下手而不被发现，如果有视频复核，我们马上可以通过监控查看室内外是否真的有不法分子，以减少漏报和误报的情况发生。

在视频安防监控平台中，可以对有需要的告警进行手动确认并复核，如某个区域检测到有人闯入，操作员可以先调阅告警前后录像，确认是否有人员闯入，然后在历史告警中对相应的告警进行描述（见图 4-53）。

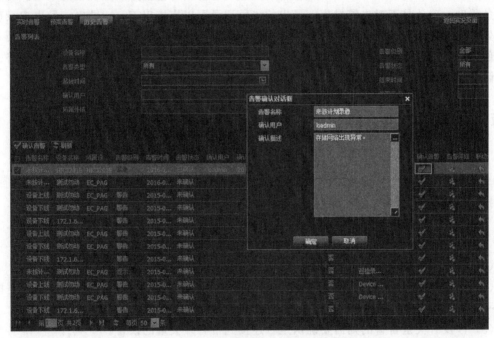

图 4-53

二、报警信息的复核规范

（1）系统应具有显示和记录开机、关机时间，报警、故障、被破坏、设防时间，撤防时间、更改时间等信息的功能。

（2）应记录报警发生时间、地点、报警信息性质、故障信息性质等信息。信息内容要求准确、明确。

（3）具有管理功能的系统，应能自动显示、记录系统的工作状况，并具有多级管理密码。

（4）在有报警复核功能的系统中，当报警发生时，系统应能对报警现场进行声音或图像复核。

报警系统与安防视频监控系统的整合解决方案分为两种基本模式：独立式系统和一体化系统。在独立式系统中，报警系统与视频监控系统相对独立地整合在一个单元里，这一模式以商业场所或住宅小区的室内应用为主，也可以应用于建筑物的户外场所及电信基站等，另外也适用于户外的周边防范领域，它是在现有的纯报警或纯监控的基础之上添加另一空缺的系统，两者相互独立但又密切联系；在一体化系统中报警器与摄像机整合到一个系统中，系统通过传感器连接。一体化系统对于全新安装的用户比较适用，但是老用户或已有接警中心的用户不建议使用（意味着将更换目前所有设备）。

我们重点分析一下独立式系统，独立式系统是在保持现有系统的基础上，添加另一套与之互补的系统。例如：某用户早前已安装了报警系统，那么我们再为他安装一套监控系统，组成报警视频复核系统。该系统的工作原理是：当探测器感应到入侵信号后，探测器向报警主机发送入侵信息，报警主机在报告中心的同时也给监控系统发送报警信息，监控系统接收到报警信号则立即与中心实时联动，将现场画面弹出到桌面上，这样值班员在接到报警信息的同时，也会看到自动弹出的现场实时画面。

在安防系统集成平台中，在历史告警中可直观地看到告警信息及其确认的结果。可以根据紧急程度，确认是否对告警导出，导出的告警记录可以直接以 Excel 导出。导出记录可以分类处理，对于确认符合情况的告警需要采取措施。如有人非法闯入，则从视频中记录人员的面部特征，进而搜索；对于确认误报，反馈给技术人员排查分析；对于未确认的告警，根据实际要求决定是否手动确认。

技能要求

一、工作名称

报警信息复核、报告与记录。

二、工作准备

（1）打开系统集成平台主界面，按照赋予的权限，通过账户及密码进行登录。

（2）在 IPC 与平台上，做好必要的配置（例如运动检测需在 IPC 上开启，存储类报警需在平台上配置完毕）。

（3）涉及开关量告警的则需要确认是否连接到带有开关量的设备。

三、工作程序

（1）查看系统的历史告警信息，通过"配置"→"实况业务"中的"告警"查看（见图 4-54）。

图 4-54

(2)进入"告警"界面,点击左上方"历史告警"按钮,输入搜索条件后,点击"查询"按钮,即可查询历史告警相关信息(见图4-55)。

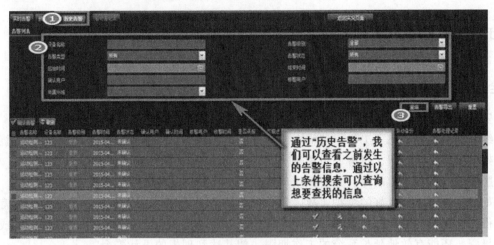

图 4-55

例如,我现在对告警的级别为"告警",确认用户为"admin"进行搜索。点击"查询"后,符合相应条件的报警信息就会出现在告警列表中。

对筛选出来的结果点击导出,可将告警信息以 Excel 表格保存。最后根据客户要求列出的告警选项,筛选并整理成报告(见图4-56)。

图 4-56

第三节 维护保养

学习单元1 设备故障初步判断

学习目标

(1)熟悉安防系统设备常见故障;

(2) 掌握故障初步判断方法；

(3) 能够准确、及时地对设备故障进行初步判断。

知识要求

安全技术防范系统设备常见故障

安全防范系统在竣工交付后，系统将不分昼夜全天候地运行，系统的所有设备、元器件、线缆都在通电状态下工作。传输电缆有的敷设在地下，可能受到水及其他腐蚀物质的浸泡；架空线缆受到日照、雨淋、风雪等环境条件和气候条件的影响、人为因素的影响、小动物的影响等也可能发生故障。只要系统加电应用，再好的系统都可能会发生故障。

如果系统得不到良好的维护，故障发生概率将会大大增加，从而影响系统的使用寿命。维护得当，则可预防和减少故障的发生，使系统保持良好的运行状态，减少系统运营成本、节约投资，还能有效地延长系统的工作期限，使其达到理想的设计寿命。

因此，专业系统维护人员要掌握其技术性能，并能对系统进行日常维护。

1. 电源的不正确应用引发的设备故障

电源不正确应用大致有如下几种可能：供电线路或供电电压不正确、功率不够（或某一路供电线路的线径不够，降压过大等）、供电系统的传输线路出现短路、断路、瞬间过压等。特别是因供电错误或瞬间过压导致设备损坏的情况时有发生。因此，在系统调试中，供电之前，一定要认真严格地进行核对与检查，绝不应掉以轻心。

2. 由于线路引发的设备故障

设备与线路连接松动，出现的断路、短路、线间绝缘不良、误接线等导致设备（或部件）性能下降或损坏。

由于某些设备（如带三可变镜头的摄像机及云台）的连线有很多，很容易误接，特别是因某些接插件的质量不良，连线的工艺不好而出现问题。在这种情况下，应根据故障现象进行分析，判断在若干条线路上哪条线路出现问题导致故障，要把出现问题的面缩小，缩短排除故障时间。例如，一台带三可变镜头的摄像机图像信号是正常的，但镜头无法控制，就不必再检查视频输出线，而只要检查镜头控制线就行了。另外，接插件方面，特别是 BNC 型接头，对焊接工艺、视频线的连接安装工艺要求都非常高，如处理不当，即使调试和试运行阶段没有出现问题，但运行一段后也会出现问题。特别需要指出的是，带云台的摄像机由于全方位的运动，时间长了，将会导致连线的脱落、挣断。因此，要特别注意这些设备与线路的连接，使之符合长时间运转的要求。

对于室外摄像机来说，除应保证正确的安装工艺外，其线路的高低温性能也必须满足要求。

3. 设备或部件本身的质量问题

一般来说，经过认真选择的已商品化的设备或部件是不应该出现质量问题的，即使出现问题，也往往发生在系统已交付使用并运行了相当长时间之后。但是，也不排除在调试和试运行阶段出现设备或部件的质量问题。从经验上看，纯属产品本身的质量问题，多发生在解码器、电动云台、传输部件等设备上，而诸如摄像机、中心控制设备、监视器等发生质量问题是比较少见的。因此，必须对所选的产品进行必要的抽样检测，当确认是产品质量问题时，最好的办法是更换该品，而不应自行拆卸修理。

除上面所说的产品自身质量问题外，最常见的是由于对设备调整不当产生的问题。例如摄像机后截距（或称后焦距）的调整是要求非常细致和精确的工作，如果不认真调整，就会出现聚焦不好或在三可变镜头的各种操作时发生散焦等问题。另外，摄像机上一些开关和调整旋钮的位置是否正确，是否符合系统的技术要求；解码器编码开关或其他可调部位设置的正确与否，都会直接影响设备本身的正常使用或影响整个系统的正常性能。

4. 设备（或部件）与设备（或部件）之间的连接不正确产生的问题

（1）阻抗不匹配。阻抗不匹配指的是输入阻抗与输出阻抗不匹配的问题，可以造成反射。

（2）通信接口或通信方式不对应。这种情况往往发生在控制主机与解码器或控制键盘等有通信控制关系的设备之间，多由于选用的控制主机与解码器或控制键盘不是一个厂家的产品所造成的。一般来说，不同的厂家，所采用的通信方式或传输的控制数码是不同的，所以，对于主机、解码器、控制键盘等应选用同一厂家的产品。

（3）驱动能力不够或超出规定的设备连接数量。例如，对一台控制主机所对应的主控键盘和副控键盘的数量是有规定的，超过规定数量后将导致系统工作不正常。又如，某些画面分割器或硬盘录像机带有报警输入接口，在其产品说明书上给出了与报警探头、矩阵主机等连接的系统构成图。而在实际使用时，由于报警探头首先与报警主机连成系统，如果再将报警探头并联至画面分割器或硬盘录像机的报警输入端，就会出现探头的报警信号既要驱动报警主机，又要驱动画面分割器或硬盘录像机。在这种情况下，往往会发生驱动能力不足的问题，表现出的现象是，画面分割器或硬盘录像机虽然能报警，但由于输入的报警信号弱而工作不稳定，从而导致对应发生报警信号的那一路摄像机的图像画面，在监视器上虽然瞬间转换为全屏画面却维持不住而丢掉，使监视器上的图像仍停留在未报警之前的多画面状态。

解决类似问题的方法：一是通过专用的报警接口箱将报警探头的信号进行分配并分别与画面分割器、硬盘录像机或视频切换主机相对应连接；二是在没有报警接口箱的情况时，可自行设计加工信号分配扩展设备或驱动设备。

上述所谈到的问题，有时也会出现在视频信号的输出和分配上。

相关链接

视频安防监控系统、安防系统集成管理平台常见故障及其初步判断方法

通常，只有电信号输入或输出的电子设备出现故障时容易判断和检查验证，即使是在缺少检查仪器的情况下，也可以采取替换或互换的办法来认定。但对于组成系统工作的控制设备，往往就可能有多种故障引起同样或类似的现象出现，而且只有组成系统才便于发现，这就要求对故障现象进行分析和判断。有些系统故障在前面几节中也提到一些，表4-3、4-4仅将一些前面未涉及的，在视频安防监控系统、安防系统集成平台软件中常遇到的一些系统故障及其排除方法列出，其中也包括了错误操作所引起的失常，以供读者参考。

表 4-3　安防视频监控系统常见故障及其初步判断方法

系统常见故障现象	判断方法
主控键盘不能切换摄像机输入信号	摄像机被屏蔽(或被锁),这时进入菜单,进入键盘调看摄像机,把相应的"否"改成"是";若无菜单,则操作键盘使其解锁
主控键盘不能选择监视器输出	监视器被屏蔽(或被锁),这时进入菜单,进入键盘调看监视器,把相应的"否"改成"是";若无菜单,则操作键盘使其解锁
监视器上无图像	收监两用的电视机未在 TV 状态,或监视器坏;微机切换主机输出至监视器的同轴电缆连接头发生短路或断路;微机切换主机相应的输出端损坏;如同时接有录像机,需将录像机电源接通,并相应调至 TV 状态
监视器输出显示没有字符	(1)主机已被切换到菜单状态,退回到平常操作状态 (2)字符显示已被关闭,将其开通
系统开机或运行时云台、镜头出现自动作;控制云台、镜头的操作结束后又自动复位;云台、镜头处于一个方向不可调	解码器输出控制失常,电路故障。更换或维修解码器
主机不能控制相应的解码器及快球	解码器与主机的连接线不对;解码器与主机的控制协议不同,应选择相同的控制协议;主机已被切换到菜单状态,退回到平常操作状态;此项操作被屏蔽(或被锁),进入菜单把相应的"否"改成"是"(或解锁)
系统失控,主机和解码器均不受控	(1)键盘故障,更换键盘 (2)控制指令通信线路开路、短路或接触不良
分控键盘不能控制主机	(1)分控键盘与主机的连线不对 (2)分控键盘地址不对 (3)分控键盘被主机屏蔽(或被锁),检查主机分区设置(或解锁)
监视器上可见图像互相串扰	微机控制主机故障,更换主机
报警系统设防区有误报	有射频或电源杂波信号干扰;小动物进入的干扰;报警控制蓄电池电压过低;交流电断电时发生误报;报警线路故障
报警主机死机,不接收任何指令	由于连续几次未能输入正确的操作密码,报警主机自动停止工作,按使用说明书复位后即可恢复正常
系统已连接报警箱,且画面显示报警状态,但扬声器不响	扬声器的声音已被关闭;设防监视器与当前主控键盘所显示监视器不同,更换即可
已连接报警箱,但不能报警	与主机的连线不对;未对报警进行设置

表 4-4　集成管理平台常见软件故障及其初步判断处理方法

监控平台常见故障现象	处理方法
控件安装失败	执行登录页面的"IE 配置工具",根据提示自动完成 IE 相关设置 手动将监控平台的 IP 加入 IE 的可信站点,操作方式:工具→Internet 选项→安全,选择"可信站点"并单击"站点"按钮。 说明:装控件时,如果安装目录包含分号,将导致控件无法使用,请确保控件安装在默认目录下

续表

监控平台常见故障现象	处理方法
视频控件初始化失败,或 IE 无法继续运行	关闭 IE 进程,并重新登录。建议: 在同一客户端计算机上,不要打开多个 IE 窗口或 IE 页签登录同一设备的 Web 页面 在同一客户端计算机上,不要打开多个 IE 窗口或 IE 页签登录不同设备类型
实况图像卡顿	当网络环境较差时,启用码流平滑可以让图像更流畅,但会带来一些延时
实况黑屏	(1)确认监控平台、客户端计算机的防火墙是否开启;需要将防火墙设置为关闭状态 (2)确认网络是否不支持组播:需要将客户端计算机、编码器、解码器设置为不支持组播 (3)确认报文的丢包率是否较高;确保网络传输不丢包或降低丢包率 (4)确认客户端计算机的配置是否满足要求: 显卡要使用最新的驱动程序,可通过 DirectX 诊断工具(在"运行"中输入 dxdiag)判断显卡和显卡驱动 图形硬件启用全部加速功能 显示品质和显卡模式设置正确。播放窗格的显示品质默认为"高品质",显卡需要启用 Direct3D 模式;如果显卡不支持该模式或客户端计算机配置较低,则显示品质需要设置为"普通品质",显卡启用 DirectDraw 模式。显卡模式可通过 DirectX 诊断工具(在"运行"中输入 dxdiag)进行设置 显卡的颜色质量设置为"最高(32 位)" (5)确认是否有其他设备与 MS 设备的 IP 地址冲突;找到 IP 地址冲突的设备,修改其 IP 地址
回放录像时,拖动播放进度条无效	磁盘中对应该时间段,实际没有录像,跳过即可
云台快捷键失效	数字键控制鼠标时,云台快捷键失效,请取消使用数字键控制鼠标 Windows 系统的输入法切换为全角时,云台快捷键失效,全角切换至半角即可

技能要求

一、工作名称

设备故障初步判断。

二、工作准备

(1) 打开系统集成平台主界面,按照赋予的权限,通过账户及密码进行登录。
(2) SSH 工具(SSH Secure Shell Client)。

三、工作程序

(1) 查看监控系统是否与局域网保持网络畅通。

通过计算机的 CMD 来 PING 监控系统的 IP,查看是否正常,图 4-57 显示的系统地址为 172.1.0.19。

图 4-57

（2）登录监控系统，查看是否能够完全进入界面，若出现一直卡在正在登录的情况，则通过 SSH 工具登录服务器进行查看。

在 Host Name 内输入服务器 IP 地址，用户名和密码为 root，passwd（见图 4-58）。

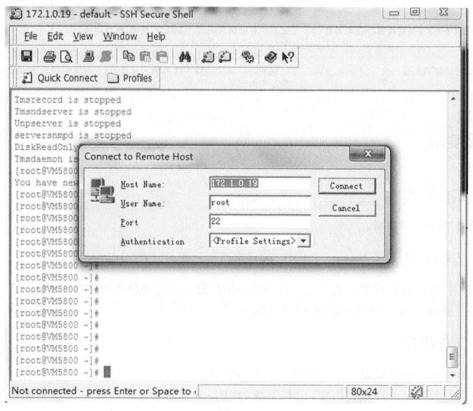

图 4-58

进入命令行后，输入 vmserver.sh status 查看监控平台是否服务都为 running（见图 4-59）。

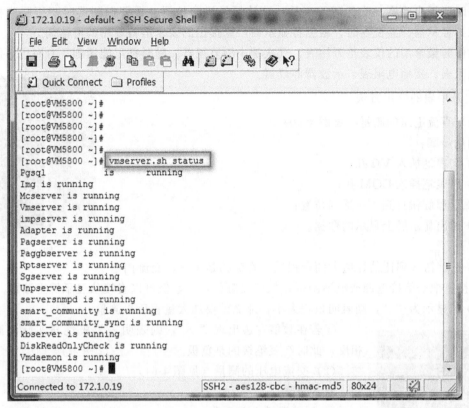

图 4-59

若有服务存在 stop，则输入 vmserver.sh restart 重启服务。

（3）在监控系统中查看摄像机实况，观察是否有卡顿黑屏情况，若存在卡顿黑屏情况，请参考表 4-4 中的方法进行处理。

学习单元 2　硬件设备日常保养

学习目标

（1）熟悉常用维修仪器仪表工具的使用方法；
（2）掌握安防系统设备日常维护保养基本内容、方法和要求；
（3）能够对硬件设备进行日常保养。

知识要求

一、常用维修仪器仪表和工具的使用方法

日常维修使用的工具包括：克丝钳、尖头钳、各种旋具、电工刀等；如在夜间维修还需

要手电筒、应急灯等照明设备；根据不同场合维修的需要，可能用到手电钻等电动工具；清洁镜头时要用小毛刷、吹气球等工具；清洁摄像机防护罩、报警探测器时要用脱脂棉或棉纱；维护显示器、监视器时，根据各显示器厂家提出的要求准备专用的清洁剂。

维修时最常用的仪表是万用表，其次是小型监视器，随时都可能用到。有时也可能用到绝缘电阻表、接地电阻表、示波器等仪器。

1. 万用表的使用方法

（1）直流电压的测量（见图4-60）

测量步骤：

① 红表笔插入VΩ孔；

② 黑表笔插入COM孔；

③ 量程旋钮打到V—适当位置；

④ 读出显示屏上显示的数据。

注意：

① 把旋钮选到比估计值大的量程挡（直流挡是V—，交流挡是V～）接着把表笔接电源或电池两端；保持接触稳定。数值可以直接从显示屏上读取。

② 若显示为"1"，则表明量程太小，那么就要加大量程后再测量。

图 4-60

③ 若在数值左边出现"—"，则表明表笔极性与实际电源极性相反，此时红表笔接的是负极。

（2）交流电压的测量（见图4-61）

测量步骤：

① 红表笔插入VΩ孔；

② 黑表笔插入COM孔；

③ 量程旋钮打到V～适当位置；

④ 读出显示屏上显示的数据。

注意：

① 笔插孔与直流电压的测量一样，不过应该将旋钮打到交流挡"V～"处所需的量程。

图 4-61

交流电压无正负之分，测量方法与前面相同。

② 无论测交流还是直流电压，都要注意人身安全，不要随便用手触摸表笔的金属部分。

（3）直流电流的测量（见图4-62）

测量步骤：

① 断开电路；

② 黑表笔插入com端口，红表笔插入mA或者20A端口；

③ 功能旋转开关打至A—（直流），并选择合适的量程；

④ 断开被测线路，将数字万用表串联入被测线路中，被测线路中电流从一端流入红表笔，经万用表黑表笔流出，再流入被测线路中；

⑤ 接通电路；

⑥ 读出LCD显示屏数字。

注意：

① 估计电路中电流的大小。若测量大于200mA的电流，则要将红表笔插入"10A"插

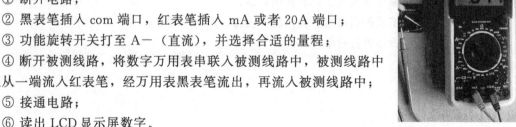

图 4-62

孔并将旋钮打到直流"10A"挡；若测量小于200mA的电流，则将红表笔插入"200mA"插孔，将旋钮打到直流200mA以内的合适量程。

② 将万用表串进电路中，保持稳定，即可读数。若显示为"1"，那么就要加大量程；如果在数值左边出现"-"，则表明电流从黑表笔流进万用表。

③ 其余与交流注意事项大致相同。

（4）交流电流的测量（见图4-63）

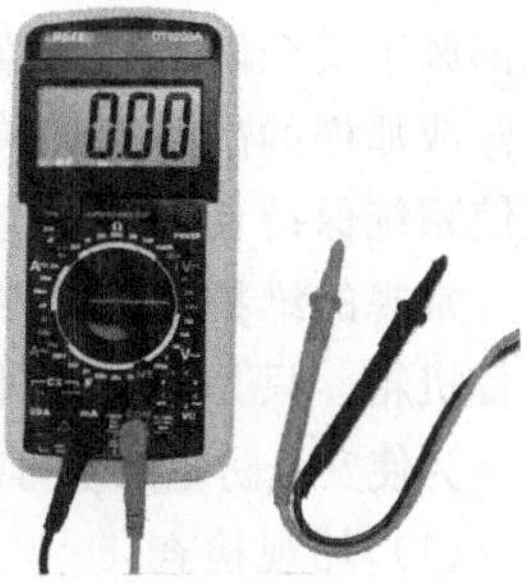

测量步骤：

① 断开电路；

② 黑表笔插入com端口，红表笔插入mA或者20A端口；

③ 功能旋转开关打至A～（交流），并选择合适的量程；

④ 断开被测线路，将数字万用表串联入被测线路中，被测线路中电流从一端流入红表笔，经万用表黑表笔流出，再流入被测线路中；

⑤ 接通电路；

⑥ 读出LCD显示屏数字。

图4-63

注意：

① 测量方法与直流相同，不过挡位应该打到交流挡位。

② 电流测量完毕后应将红笔插回"VΩ"孔，若忘记这一步而直接测电压，表或电源会报废！

③ 如果使用前不知道被测电流范围，将功能开关置于最大量程并逐渐下降。

④ 如果显示器只显示"1"，表示过量程，功能开关应置于更高量程。

⑤ 表示最大输入电流为200mA，过量的电流将烧坏保险丝，应再更换，20A量程无保险丝保护，测量时不能超过15秒。

2. 数字万用表使用注意事项

（1）如果无法预先估计被测电压或电流的大小，则应先拨至最高量程挡测量一次，再视情况逐渐把量程减小到合适位置，测量完毕，应将量程开关拨到最高电压挡，并关闭电源。

（2）满量程时，仪表仅在最高位显示数字"1"，其他位均消失，这时应选择更高的量程。

（3）测量电压时，应将数字万用表与被测电路并联。测电流时应与被测电路串联，测交流量时不必考虑正、负极性。

（4）当误用交流电压挡去测量直流电压，或者误用直流电压挡去测量交流电时，显示屏将显示"000"，或低位上的数字出现跳动。

（5）禁止在测量高电压（220V以上）或大电流（0.5A以上）时换量程，以防止产生电弧，烧毁开关触点。

当万用表的电池电量即将耗尽时，液晶显示器左上角电池电量低提示，会有电池符号显示，此时电量不足，若仍进行测量，测量值会比实际值偏高。

二、安防系统设备日常维护保养基本内容、方法和要求

1. 设备日常维护保养的基本内容

使一件产品或一个系统保持在可用状态的过程称为维护。例如保持一辆自行车安全行驶、骑起来轻松自如，需要经常打气、加润滑油、检查刹车是否可靠等；要使一辆汽车安全

地行驶、少出故障，需要经常检查机油尺，看机油是否在规定的范围内，经常清洗空气滤清器的尘土，定期更换汽油滤清器和机油滤清器，出车之前试一下制动踏板，检查制动效果等。这些都是维护工作。

在安全防范系统中，为保证设备的可靠运行，要经常进行前端设备和监控中心设备的外观检查、环境检查、功能检查及定期的清洁，对一些工作寿命较短的设备定期更换，对UPS电源的电池进行充电、放电，对监控中心的自身防护设施、消防设施进行检查等，这些都属于安全防范系统维护工作的内容。系统长时间加电运行，必然会有相应的损耗或发生这样或那样的故障，如果平时维护工作做得好，系统就会少出故障。只有做好维护工作，才能使系统保持良好的状态。

常规的维护工作不影响系统的正常运行，不需要全部切断系统电源。维护时一般不打开设备机箱，只是对设备外部进行处置。

为使安全防范系统可靠运行，使系统保持正常状态，系统的维护工作可大致包括以下几点。

（1）外观检查

对前端设备摄像机杆体和在其上安装的设备进行检查，对入侵探测器及其固定件进行观察，看是否发生异常情况；对传输线路、线杆、电缆、光缆及其设备进行检查。

（2）环境状况检查

包括对监控中心的环境卫生检查，对监控中心温度、湿度的实时监测；对电视墙、控制台周边堆放的多余物的及时清理；对消防设施的检查等。

保持监控中心环境卫生，减少灰尘积累对系统内部的影响；前端设备周边环境的检查，周围的树枝修剪等工作，对入侵探测范围内多余的物件及时清理等。

（3）功能检查

对照系统的设计文件，对各子系统的各项功能逐项进行检查，及早发现可能的故障隐患。

（4）例行维护

① 对监控中心的环境和安装的设备进行清洁维护。

② 对前端的采集设备及周边的环境进行清洁维护。

③ 对一些工作寿命较短的设备进行定期更换。

④ 对UPS电源的电池进行充、放电等工作。

⑤ 发现问题及时报请维修部门进行修理。

2. 系统维护计划编制及维修方法和要求

系统自竣工交付使用之日起，即已进入正常运行阶段，为使其可靠运行，使系统保持在可用状态，需要在维护计划的安排下，对系统进行有效的维护。高风险部门或大型安防系统的使用单位应要求系统工程商或运行维护服务商提出完善的维护、维修方案和计划，并配备相应的维护人员。

系统的维护可以由工程商或专业的运行维护公司承担。通常，在合同规定保修期内，可按合同约定的条款执行；合同期满后应重新签订合同。工程商（运行公司）应根据合同的规定制订合理的维护、维修计划。

维护人员应参加计划的制订，熟悉计划的内容并严格执行计划。

（1）系统维护计划的主要内容

维护计划应包括工作内容、方式、周期、应急方案等，还应规定维护人员、保留联系方式及明确工作时限等。

维护计划应有具体的作业计划，典型作业计划如下。

① 定期环境检查与清洁。每天对监控中心的环境进行清洁和检查；每周或每半个月对监控中心显示屏进行一次除尘。

② 与维护保障单位定期联络。维护单位每月向用户单位询问系统的工作状况。

③ 定期功能检查。每天对系统主要功能进行检查；每季度对系统进行一次比较全面的例行检查；每年要对全系统进行一次全面的例行检查。

④ 重大节假日的维护工作。根据安防系统的特点，为确保重大节日、举行重大集会和大型活动期间系统能正常运行，应提前对系统进行一次例行检查维护。

⑤ 突发事件的处置计划。系统在发生入侵报警时要有应急预案；系统遭破坏时要有应急预案；台风、雷电、暴风雪等气候突变的要有应急预案。

⑥ 维护人员工作安排。明确维护工作由哪个单位、哪个部门来完成，具体工作要落实到班组、落实至人。

(2) 前端设备维护计划的主要内容

① 前端设备的清洁工作，通常高风险单位每月擦洗一次，一般单位每3个月擦洗一次。对前端所有探测器每次擦洗率应达到100%。探测器外罩尘土较多，需定期进行擦拭，在恶劣的天气或尘土较多的环境中，或雨后遭遇沙尘天气后需随时清洗除尘。

② 前端设备周边的树枝枝叶等遮挡物需及时修剪处理，一般每年进行2～3次。树木枝叶比较茂盛有可能遮挡探测器的射线，每年春后应对有可能遮挡的枝叶进行一次修剪，到夏季还需定期检查爬山虎等枝叶及时进行修整。

③ 前端设备功能检查，高风险单位应每日进行一次检查，必要时每次交接班时做一次检查；一般单位每月进行一次维护检查。探测器的每次维护率应达到100%。针对每一种探测器的功能，定期进行测试。

④ 定期检查前端设备与视频安防监控系统、出入口管理系统等子系统的联动功能，通常每3个月进行一次。

(3) 视频安防系统的维护计划

① 对室外前端摄像机防护罩视窗、球机的外罩进行除尘，重要场合每月擦洗一次，一般场合每3个月擦洗一次。每次的擦洗率均应达到100%。在恶劣的天气或尘土较多的环境中，或雨后遭遇沙尘天气后需随时清洗除尘，保证视窗和球机外罩清洁。

② 室内环境比较干净的，安装在室内前端摄像机防护罩视窗、球机的外罩除尘可每半年进行一次。

③ 前端设备周边修整枝叶，一般每年1～2次。夏季树枝枝叶比较茂盛，有可能遮挡摄像机的视线，发现有枝叶遮挡时，还需及时修整。

(4) 前端设备功能检查

前端设备功能检查，一般部位每月进行一次检查；普通风险单位每隔3个月进行一次功能检查。每次维护率应达到100%。

高风险单位的值机人员对系统要害部位应每天进行一次功能检查，普通单位通常每一个月进行一次功能检查。每次检查维护率应达到100%。

对固定摄像机的显示功能、活动摄像机的显示功能、云台功能、镜头功能的检查，在监控中心进行，此工作应由值机人员完成。发现图像丢失或监控范围被移动要及时维护，发现故障及时报告维修部门处理。

定期检查前端设备与入侵报警、出入口管理等系统的联动功能，通常每3个进行一次。

3. 系统主要前端设备维护方法和要求

（1）前端设备的清洁工作

对出入口管理系统及其他子系统前端设备的清洁，通常每3个月擦洗一次，每次擦洗率应达到100%。

（2）前端设备周边环境

前端设备周边环境由维护人员检查，通常每3个月检查一次，每次维护率应达到100%。

（3）前端设备功能检查

① 高风险部门的重要部位、关键防控门、防尾随门可由掌握维护知识的值机人员每天进行检查；普通风险单位可定期对系统每一扇防控门的功能进行检查，通常每3个月进行一次。每次检查维护率应达到100%。

② 定期检查前端设备与入侵报警系统、视频安防监控系统等子系统的联动功能，通常每3个月进行一次。

（4）其他子系统的维护计划

① 前端设备的清洁工作一般每季度进行一次。

② 前端设备功能检查，高风险单位每月进行一次，一般单位每季度进行一次。每次检查维护率应达到100%。

4. 监控中心设备维护方法和要求

（1）设备的清洁工作

每天由专门的清洁人员或系统的值机人员对监控中心的地面、控制台及电视墙表面的尘土进行清除，控制台、电视墙机柜内部的尘土一般每半年擦拭一次。显示屏幕的擦拭由维护人员或掌握维护知识的值机人员完成，维护周期视工作环境和屏幕的干净程度而定，一般CRT显示屏每周或半个月擦拭一次，液晶显示屏、等离子显示屏每月或一季度应擦拭一次。

（2）设备周边环境

监控中心设备周边环境的检查通常由系统的使用人员或维护人员完成，如果设备周边有纸箱等易燃物及多余物品，需及时清理。

（3）设备功能检查

安装在控制中心的设备功能检查，可按照各子系统的检查方法，参照设备的使用说明书进行，对应检查前端设备的维护周期可参照各子系统的维护周期进行。

根据系统要求定期对各子系统的联动功能进行检查。

5. 传输线路及其设备维护方法和要求

（1）每月对线缆所经过的线杆进行一次巡检；在大风暴雨或暴雪后应随时检查；每年进行一次全面杆路维护。维护检查率应达到100%。

（2）前端设备的清洁工作、环境检查、设备功能检查，与视频安防监控、入侵报警、出入口管理等子系统同步进行。

（3）接地电阻测试：根据气象部门规定，需要在每年雨季到来之前对线杆、摄像机安装杆的接地电阻进行一次测试，保证接地电阻符合规范要求。维护检查率应达到100%。

（4）每年要在电缆沟内、电缆桥架内安放灭鼠药等预防工作。

6. 突发事件的应急处置方法和要求

制订维护计划时要考虑应急预案，有突发的入侵事件发生时，应有突发情况的处置方案；在可预测的气候灾情发生前安排维护人员，一旦出现突发灾情要及时进行处置。

（1）恶劣的气候条件易使许多安装在室外的前端设备发生故障，如大风、暴雨、暴雪、雷击、地震等恶劣气候条件的变化，造成架空线缆的损坏，地埋线缆的接头浸水等都会使系统发生故障，甚至会造成系统瘫痪。因此，除日常进行定期巡检外，在大风、雷雨、暴雪后应及时对前端配备、传输设备进行检查和维护。

（2）前端设备被人为破坏或摄像机监控方位被移动、入侵报警探测器的探测方位被改变等，都会引发系统突然故障，遇到此类特殊情况，需随时检查维护。

（3）传输系统易造成意外损坏，如重型车辆碾压造成地埋线缆的损伤，道路维修、绿化带改造可能殃及地埋线缆，架空电缆、光缆被车辆刮蹭而损坏，需及时到达现场处置。

7. 维护记录编制方法和要求

每次完成维护工作后都应该做记录，如巡检时发现的问题、每次步行测试发现的问题、对系统老化设备的更换都应有记录。设备的替换、电缆接头的更新、系统的参数调整等都必须进行详细的记录，做好标志，不能疏漏。

根据记录内容可更好地安排下一步的维护工作，需要进行维修的，及时报请相关部门处理。要保存每一份维护记录，归档到系统文件中，直到系统终止使用。

维护记录填写内容及要求：

按照维护工作记录表（见表 4-5）填写内容及要求，由维护人员认真填写，内容要简明扼要、字迹清晰、字体工整，也可采用打印方式，但签名必须由维护人员手签。

表 4-5　维护工作记录表

维护工作记录表			
工程名称		工程竣工日期	
使用单位		设计单位	
维护单位		施工单位	
维护内容			
维护达到效果			
维护起始时间		维护完成时间	
维护负责人		维护人员	

甲方负责人签（章）＿＿＿＿＿　维护方负责人签（章）＿＿＿＿＿
日期＿＿＿年＿＿月＿＿日　　日期＿＿＿年＿＿月＿＿日

其中，维护的内容是指当次实施维护工作的内容，如传输系统检查、清理树枝、更换监视器、入侵报警系统前端设备检查维护、视频安防监控系统前端设备检查维护等。

三、设备日常维护保养的基本要求

一般监控中心的清洁等日常维护保养工作，是由设备维修部门的专业人员来完成。维修部门要定期或不定期地对技防设备进行日常维护保养。

设备日常维护保养的一般程序如下：
① 根据其计划安排维护保养工作；
② 准备相关图样资料；
③ 准备必要的器材、工具、仪表等；
④ 实施维护保养作业，并做好工作记录（表 4-3）；
⑤ 完成后将维护记录归档，退回图样资料等；
⑥ 完成消耗性物料、器材的领用手续。

技能要求

一、工作名称

硬件设备日常保养。

二、工作准备

（1）维护工作计划表。
（2）主要维修工具。
（3）维护工作记录表。

三、工作程序

（1）排查设备供电环境是否正常，以及周围温度和湿度是否适合（见图 4-64）。

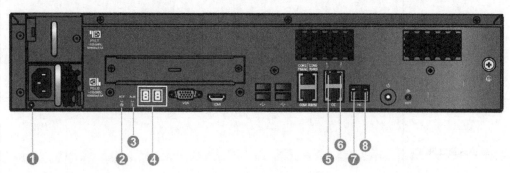

1.电源模块指示灯	2.心跳指示灯
3.告警指示灯	4.设备状态数码管
5.GE1网口指示灯	6.GE2网口指示灯
7.FE网口LINK灯	8.FE网口ACT灯

图 4-64

(2) 查看设备风扇是否运转正常,是否有异常声音,设备本身温度是否合适。
(3) 查看设备指示灯是否正常闪烁,指示灯位置说明如图 4-64 所示,指示灯功能说明如表 4-6 所示,设备状态数码管说明如表 4-7 所示。

表 4-6　指示灯说明

指示灯	颜色	描述
系统指示灯	绿色/黄色	绿色常亮:系统正常 黄色常亮:系统存在硬件故障
硬盘状态指示灯	绿色	熄灭:硬盘未上电或未安装硬盘 绿色常亮:硬盘 Link 绿色闪烁:硬盘有读写
电源模块指示灯	绿色/红色	熄灭:未接入交流电源 绿色常亮:已接入交流电源,且设备已开机 绿色闪烁:单电源模块情况下,已接入交流电源,但设备未开机 红色闪烁:双电源模块情况下,一块电源模块已接入交流电源,另一块电源模块未接入交流电源,且设备已开机,则未接入交流电源的指示灯红色闪烁 红色常亮:电源模块有故障
心跳指示灯	绿色	熄灭:设备未开机 1Hz 闪烁:系统正常运行
告警指示灯	黄色	熄灭:设备硬件正常 常亮:设备硬件故障

表 4-7　设备状态数码管说明与维护操作

状态	数码说明与维护操作
两位数字	显示系统运行时的主板温度(摄氏度),数字闪烁即表示温度告警
F0/0F/FF(其中F闪烁)	F 闪烁指示对应的风扇模块有故障,0 指示对应的风扇模块正常 其中左边的数码管表示风扇模块 0,右边的数码管表示风扇模块 1 维护操作:风扇上油或更换风扇
P0/0P/PP(其中P闪烁)	P 闪烁指示对应的电源模块有故障,0 指示对应的电源模块正常 其中左边的数码管表示电源模块 PSU0,右边的数码管表示电源模块 PSU1 维护操作:更换电源
U0/0U/UU(其中U闪烁)	U0:CMOS 电池欠压 0U:主板电压异常 UU:CMOS 电池电压和主板电压同时异常 维护操作:即时通知系统建设维护厂家
t0/0t/tt(其中t闪烁)	t0:CPU 散热器左侧风扇故障 0t:CPU 散热器右侧风扇故障 tt:CPU 散热器左右两侧的风扇均有故障 维护操作:更换 CPU 风扇
dt闪烁	从硬盘 SMART 信息中读取的硬盘温度超标,需检查防尘网 维护操作:手动清理防尘网

（4）把检查和维护的结果，记录在维护工作记录表中（见表4-5）。

本章思考题

1. 简述安全技术防范系统集成管理平台的基本功能。
2. 简述安全技术防范系统信息存储调阅设备操作规范。
3. 简述安全技术防范系统信息存储调阅设备操作管理要求。
4. 简述系统视频、音频及报警信息进行提取、调阅、存储操作的主要工作程序。
5. 简述报警系统产生误报的主要原因。
6. 安防系统集成监控平台中有几种常见的报警类型？
7. 报警信息初步研判中的要求及注意事项。
8. 安全技术防范系统设备常见故障分类。
9. 安防系统维修中常用的维修工具有哪些？
10. 安全技术防范系统出现突发事件或故障时应急处置方法和要求。

附录
枪支管理与维护保养

学习目标

（1）熟悉枪支管理的法律法规；
（2）了解枪支构造；
（3）掌握枪支日常维护保养方法及常见故障的排除。

知识要求

一、枪支管理的依据

枪支管理是依据《专职守护押运人员枪支使用管理条例》、《中华人民共和国枪支管理法》并参照《中华人民共和国人民警察使用警械和武器条例》以及各单位勤务实际情况而制定的。

二、专职守护、押运公务用枪的管理

武装押运保安公司应遵守枪支管理的法律法规和《专职守护押运人员枪支使用管理条例》，具体条款如下。

第一条

为了加强对守护、押运公务用枪的管理，保障专职守护、押运人员正确使用枪支，根据《中华人民共和国枪支管理法》（以下简称枪支管理法），并参照《中华人民共和国人民警察使用警械和武器条例》，制定本条例。

第二条

本条例所称专职守护、押运人员，是指依法配备公务用枪的军工、金融、国家重要仓储、大型水利、电力、通信工程、机要交通系统的专职守护、押运人员以及经省、自治区、直辖市人民政府公安机关批准从事武装守护、押运服务的保安服务公司的专职守护、押运人员。

第三条

配备公务用枪的专职守护、押运人员必须符合下列条件：

（一）年满20周岁的中国公民，身心健康，品行良好；

（二）没有精神病等不能控制自己行为能力的疾病病史；

（三）没有行政拘留、收容教育、强制戒毒、收容教养、劳动教养和刑事处罚记录；

（四）经过专业培训，熟悉有关枪支使用、管理法律法规和规章的规定；

（五）熟练掌握枪支使用、保养技能。

配备公务用枪的专职守护、押运人员，必须严格依照前款规定的条件，由所在单位审查后，报所在地设区的市级人民政府公安机关审查、考核；审查、考核合格的，依照枪支管理法的规定，报省、自治区、直辖市人民政府公安机关审查批准，由省、自治区、直辖市人民政府公安机关发给持枪证件。

第四条

专职守护、押运人员执行守护、押运任务时，方可依照本条例的规定携带、使用枪支。

专职守护、押运人员依法携带、使用枪支的行为，受法律保护；违法携带、使用枪支的，依法承担法律责任。

第五条

专职守护、押运人员执行守护、押运任务时，能够以其他手段保护守护目标、押运物品安全的，不得使用枪支；确有必要使用枪支的，应当以保护守护目标、押运物品不被侵害为目的，并尽量避免或者减少人员伤亡、财产损失。

第六条

专职守护、押运人员执行守护、押运任务时，遇有下列紧急情形之一，不使用枪支不足以制止暴力犯罪行为的，可以使用枪支：

（一）守护目标、押运物品受到暴力袭击或者有受到暴力袭击的紧迫危险的；

（二）专职守护、押运人员受到暴力袭击危及生命安全或者所携带的枪支弹药受到抢夺、抢劫的。

第七条

专职守护、押运人员在存放大量易燃、易爆、剧毒、放射性等危险物品的场所，不得使用枪支；但是，不使用枪支制止犯罪行为将会直接导致严重危害后果发生的除外。

第八条

专职守护、押运人员遇有下列情形之一的，应当立即停止使用枪支：

（一）有关行为人停止实施暴力犯罪行为的；

（二）有关行为人失去继续实施暴力犯罪行为能力的。

第九条

专职守护、押运人员使用枪支后，应当立即向所在单位和案发地公安机关报告；所在单位和案发地公安机关接到报告后，应当立即派人抵达现场。

专职守护、押运人员的所在单位接到专职守护、押运人员使用枪支的报告后，应当立即报告所在地公安机关，并在事后向所在地公安机关报送枪支使用情况的书面报告。

第十条

依法配备守护、押运公务用枪的单位，应当建立、健全持枪人员管理责任制度，枪支弹药保管、领用制度和枪支安全责任制度；对依照本条例第三条的规定批准的持枪人员加强法制和安全教育，定期组织培训，经常检查枪支的保管和使用情况。

第十一条

依法配备守护、押运公务用枪的单位应当设立专门的枪支保管库（室）或者使用专用保险柜，将配备的枪支、弹药集中统一保管。枪支与弹药必须分开存放，实行双人双锁，并且24小时有人值班。存放枪支、弹药的库（室）门窗必须坚固并安装防盗报警设施。

第十二条

专职守护、押运人员执行任务携带枪支、弹药，必须妥善保管，严防丢失、被盗、被抢或者发生其他事故；任务执行完毕，必须立即将枪支、弹药交还。

严禁非执行守护、押运任务时携带枪支、弹药，严禁携带枪支、弹药饮酒或者酒后携带枪支、弹药。

第十三条

公安机关应当对其管辖范围内依法配备守护、押运公务用枪的单位建立、执行枪支管理制度的情况，定期进行检查、监督。

第十四条

专职守护、押运人员有下列情形之一的，所在单位应当停止其执行武装守护、押运任务，收回其持枪证件，并及时将持枪证件上缴公安机关：

（一）拟调离专职守护、押运工作岗位的；

（二）理论和实弹射击考核不合格的；

（三）因刑事案件或者其他违法违纪案件被立案侦查、调查的；

（四）擅自改动枪支、更换枪支零部件的；

（五）违反规定携带、使用枪支或者将枪支交给他人，对枪支失去控制的；

（六）丢失枪支或者在枪支被盗、被抢事故中负有责任的。

专职守护、押运人员有前款第（四）项、第（五）项、第（六）项行为，造成严重后果的，依照刑法关于非法持有私藏枪支弹药罪、非法携带枪支弹药危及公共安全罪、非法出租出借枪支罪或者丢失枪支不报罪的规定，依法追究刑事责任；尚不够刑事处罚的，依照枪支管理法的规定，给予行政处罚。

第十五条

依法配备守护、押运公务用枪的单位违反枪支管理规定，有下列情形之一的，对直接负责的主管人员和其他直接责任人员依法给予记大过、降级或者撤职的行政处分或者相应的纪律处分；造成严重后果的，依照刑法关于玩忽职守罪、滥用职权罪、丢失枪支不报罪或者其他罪的规定，依法追究刑事责任：

（一）未建立或者未能有效执行持枪人员管理责任制度的；

（二）将不符合法定条件的专职守护、押运人员报送公安机关审批或者允许没有持枪证件的人员携带、使用枪支的；

（三）使用枪支后，不报告公安机关的；

（四）未建立或者未能有效执行枪支、弹药管理制度，造成枪支、弹药被盗、被抢或者丢失的；

（五）枪支、弹药被盗、被抢或者丢失，未及时报告公安机关的；

（六）不按照规定审验枪支的；

（七）不上缴报废枪支的；

（八）发生其他涉枪违法违纪案件的。

第十六条

专职守护、押运人员依照本条例的规定使用枪支，造成无辜人员伤亡或者财产损失的，由其所在单位依法补偿受害人的损失。

专职守护、押运人员违反本条例的规定使用枪支，造成人员伤亡或者财产损失的，除依法受到刑事处罚或者行政处罚外，还应当依法承担赔偿责任。

第十七条

公安机关有下列行为之一，造成严重后果的，对直接负责的主管人员和其他直接责任人员依照刑法关于滥用职权罪、玩忽职守罪的规定，依法追究刑事责任；尚不够刑事处罚的，依法给予记大过、降级或者撤职的行政处分：

（一）超出法定范围批准有关单位配备守护、押运公务用枪的；

（二）为不符合法定条件的人员发放守护、押运公务用枪持枪证件的；

（三）不履行本条例规定的监督管理职责，造成后果的。

三、武装守押枪支简介

守护、押运枪支是指：2002 年 7 月 27 日国务院颁布的《专职守护押运人员枪支使用管理条例》中专职守护，押运人员依法配备的公务用枪。

常用的武装押运用枪为 97 式 18.4 毫米防暴枪。其分为 97-1 式和 97-2 式。通常保安武装押运公司使用 97-1 式 18.4 毫米防暴枪（见附图 1、附图 2）。

附图 1　97-1 式 18.4 毫米防暴枪

附图 2　97-2 式 18.4 毫米防暴枪

97 式 18.4 毫米防暴枪是我国自行研制的中口径防暴武器。其特点是动能高、威力大、安全可靠性强。

四、枪支结构

97-1 式 18.4 毫米防暴枪由 75 个零件组成，重 3.15 千克。全枪可不完全分解为枪身、击发机、枪管、枪机组件、游体组件 5 组件。

5 组件依次为枪管、游体组件、枪机组件、击发机、枪身（见附图 3）。

97-1 式 18.4 毫米防暴枪主要诸元：

口径：18.4 毫米；

全枪长：660毫米；
枪管长：425毫米；
全枪重：3.15千克；
发射方式：单发，手动供弹；
弹夹容量：5发；
故障率：小于0.5%；
战斗射速：10～15发；
寿命：大于3000发；
环境温度：－40±2℃～43±2℃。

97-1式18.4毫米防暴枪配用弹种：18.4毫米催泪弹、18.4毫米染色弹、18.4毫米防暴动能痛快弹、18.4毫米防暴动能弹、18.4毫米防暴动能霰（xiàn）弹（必要时使用）、40毫米催泪枪榴弹。

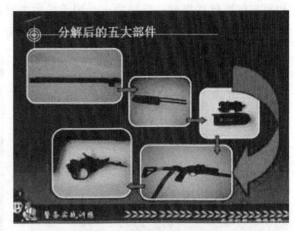

附图3　分解后的五大部件

五、维护保养

结合日常勤务以及勤务分布，防暴枪的日常维护应在每日工作任务结束后进行，可做简单擦拭；每周进行一次分解擦拭保养，每次射击后或雨雪风沙天气执行任务后，都要将防暴枪不完全分解、擦拭、适量涂油进行保养，然后结合好。这样做可延长使用年限，并使武器经常处于良好的状态。

1. 分解方法

（1）枪支处于挂火状态。
（2）逆时针旋下枪管固定螺母（见附图4）。
（3）手握枪管轻轻向前拉，即可将枪管取下（见附图5）。

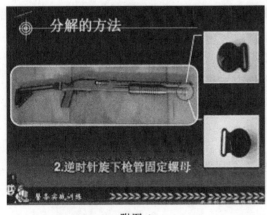

附图4

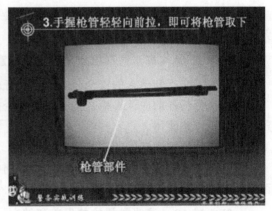

附图5

（4）右手拇指将左开关簧片前端压到位，左手握游体向前拉，此时游体组件和枪机组件可一起与机匣结合分离（见附图6），在射弹数量不多，击发机组件被火药残渣污染很轻的情况下，这样分解后即可擦拭了。

（5）如果射弹数量较多或别的什么原因使机匣内污染较重时，用防暴枪附件包中的冲子和通条将机匣联接前、后轴冲出。用手拉住击发机座的扳机护圈部分向外拉,即可从机匣中取出击发机座组件,这样即可擦拭机匣内部和击发结构了(见附图7)。

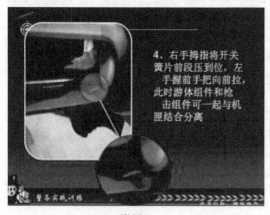

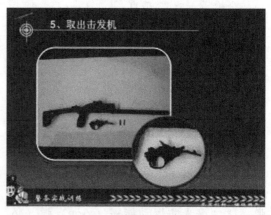

附图6　　　　　　　　　　　　　　　　　　附图7

不完全分解后的各组件擦拭干净后,应均匀地涂上一层防锈油,油膜厚度以可见指纹为宜,并根据季度的变化分别选用冬用油和夏用油。

2. 结合方法

全枪结合时,按分解时的相反顺序进行。为了不损坏零件,结合时应注意下列几点。

(1) 向机匣内装击发机座组件时,首先应将输弹器和到位保险前端放入机匣,然后再慢慢将击发机座装入机匣。否则易损坏到位保险。

(2) 向机匣内装入游体、枪机组件时,其方法是将枪机的尾部先引入机匣,使机匣的轴线与水平成约45°,用手指先压下右开关片簧,在重力作用下游体、枪机部件下滑约2毫米,接着再用手指压下左开关片簧,在重力作用下游体、枪机部件即装入了机匣(也可用手指同时压下左、右开关片簧,使游体、枪机部件一次性的同时装入了机匣)。

(3) 在操作过程中不要用力过猛,也不要卡制时强行冲撞,因为零件位置不到位时,用力过猛非但装不进去,而且会损坏零件。

3. 97-1式18.4毫米防暴枪使用时安全注意事项

(1) 为了自己和他人的安全,非执行任务的情况下操枪时,枪口一定不要对着人。

(2) 执行任务前应认真检查枪械状态是否完好,结构运行是否正常,枪膛是否清洁、无异物,以免影响使用。

(3) 必须使用规定的专用枪弹。

(4) 向弹仓内压子弹时,拇指一定要推到位(即听到开关片簧过子弹底部边缘的响声),否则子弹会自动弹出而影响压下一发子弹。

4. 97-1式18.4毫米防暴枪的保养和储存

97-1式18.4毫米防暴枪由75种零件组成,零件的制造精确度都很高,为了使枪械经常处于良好状态,有任务时拿起来就能用,就要做好保养和储存工作。

因此,每次使用后应按要求,首先退净枪内的子弹,放回规定处保管,然后按着要求进行不完全分解,之后要认真地擦拭干净,并涂好防锈油。重新结合好后,要认真验枪,看运动状况是否正常,当认为满意后,放回规定处保管。保管的环境应该干燥、通风,长期不用的枪械应该定期检查,以免锈蚀影响使用。

储存最好锁在保险柜内,因为武器不同于一般物品,丢失后会造成不良后果(见附图8)。

附图 8　枪柜

六、常见故障的排除

1. 装不进子弹

故障原因:①弹膛过脏或损坏;②子弹壳体变形。

排除方法:①擦拭过脏机件;②更换子弹。

2. 不发火

故障原因:①子弹底火失效;②击针簧力不足或击针损坏。

排除方法:①先进行1~2次补火射击;②更换子弹;③更换击针或击针簧。

3. 不退壳

故障原因:①子弹或弹膛过脏;②拉壳勾过脏或损坏。

排除方法:①捅出膛内弹壳;②擦拭过脏机件;③更换拉壳勾。

思考题参考答案

第一章 场地安检

1. 场地安检的概念。

场地安检就是以防止特定场地内发生爆炸事件为主要目标而进行的，以保证安全为目的的检查。

2. 场地安检的方法。

场地安检的方法主要有三种：

(1) 应用直观检查法、器材检查法、动物检查法等；

(2) 应有顺序的、无一遗漏地检查，宁可交叉重复，不能留有死角；

(3) 在检查中施行责任制，定岗定责，定人，定器材。

3. 安全隐患的概念。

安全隐患是随着各单位活动过程的进行而出现的不易被人发现的一种潜在危险，是由导致问题发生的两个最主要的因素——物质危险因素与管理缺陷同时存在的一种不安全状态。

4. 场地安检基本信息采集规范。

(1) 在安全检查之前，场地安检指挥员要通过现场探勘、查阅活动现场平面图、参加安保工作对接会等方式，详细了解活动场所环境和活动内容，做到"一知"、"一预"，即知道场所内部和外部的结构及其环境特点，预防犯罪嫌疑人可能攻击的部位。

(2) 掌握检查范围、面积大小，确定水、电、汽、热、通信机房等专业设施位置及使用单位。

(3) 在此基础上，绘制检查区域平面示意图，对重点、复杂部位还可以进行拍照，明确检查范围和检查重点，为检查计划的制定提供科学翔实的依据。

5. 场地安检常用器材。

场地安检常用器材主要有：光学检查镜、探针、探雷器、便携式X光机、炸药探测器等。

6. 室内和室外场地安检小组的人员、器材配备和检查速度标准。

(1) 人员规划。遵循最低力量配备原则，场地安检一般按照小组为单位进行部署。一般室内安检小组为5人，室外绿地安检小组为3人、室外硬质地面小组为2人。

(2) 器材配备。根据投入安检小组数量，按照如下单位器材配置标准依次递增。

室内每个最小作战单元器材配备：手电4个、检查镜1件。

室外绿地每个最小作战单元配备：手电2个、探针1把。

室外硬质地面每个最小作战单元配备：手电1个、探针1把、检查镜1件。

（3）检查速度标准。根据现场所需检查面积、可用于检查的时间等要素，按照如下场地安检进度标准推算所需的场地安检小组及对应的安检保安员数量。

室外绿地1500平方米/小时，空旷硬质地面广场5万平方米/小时。

室内平均为1000平方米/小时，其中会议室、演出坐席区为2000平方米/小时，服务保障和办公用房为800平方米/小时，设施设备间为400平方米/小时。

例如：按照某场演唱会流程安排，在彩排结束后、观众入场前的1小时时间内，需要对面积为22000平方米的坐席区进行检查，则所需的安检小组数量为22000÷2000＝11个，安检保安员数量为55人。

7. 检查流程三种方法的适用情形和相互关系。

在人力规划、器材规划的基础上，根据场地防爆安检涉及各细分区域的位置关系、场所特点，选择顺序检查法、分片包干检查法或重点检查法确定检查流程，明确各个检查小组负责的检查区域，合理配置安检人员。

（1）顺序检查法适用于地域宽阔、情况不复杂的场地。实施时根据目标确定人数，从远到近（或从近到远）、从上到下（或从下到上）、从左到右（或从右到左）顺序推进。如对广场、足球场草坪等空旷场所检查时，可采用多个安检小组平行展开，同步向前推进检查的方式；对体育馆看台上万个座椅检查时，可采用从上到下逐个座椅翻看的方法等。

（2）分片包干检查法适用于空间分割情况复杂，相互之间较为独立分散的目标。实施时根据目标确定人数，分组分片，定人定位，责任到人。如在对国家体育场、工人体育场等大型建筑物地下空间进行检查时，环廊两侧分布着大量化妆间、工作间、仓库等独立房间，如果将所有安检小组按照同一起点平行推进检查，极易造成重复检查、效率降低、责任不清。此时就需要在前期细致探勘、绘制责任分区图、明确各组负责检查房间编号的基础上，将各个安检小组分散至不同点位，按照责任区域同步开展工作。

（3）重点检查法适用于活动风险等级低、地域大的情况。根据活动方案和现场特点，从中选取最为重要的区域，如舞台区、主宾坐席区等犯罪分子可能攻击的重点目标进行检查。

实践安检中，这三种方式互相包容、互为补充。对于一个大型活动场所，常常要组织精干人员选择重要部位进行检查；同时又要根据检查目标的内部情况和使用安检器材的不同，分组分片进行检查；在每组当中，又常常使用顺序检查方式，无一遗漏地检查。在制定场地安检工作流程时，也可以根据活动涉及区域的不同特点，规定相应负责的场地安检小组采取不同的检查方法。

8. 室内、室外安检的重点部位。

（1）室外场所检查的重点部位。广场、庭院需要检查的部位很广，如花坛、草地、假山、树林、灌木丛、通道等，均属于检查的范围。实施检查时根据工作范围确定参加检查的人数，分片分组，按所辖责任地段，有组织的搜索。其中重点部位通常包括：垃圾桶、果皮箱等可以移动而且看来又有可利用价值的物品；翻动过的地面、修补过的墙壁以及临时堆积的物品；树上、电线杆上悬挂的物品；灯杆底座、下水道等公共设施。

（2）室内场所应检查的重点部位。对礼堂、会议室、体育馆、影剧院等堂、馆进行检查时，以人工搜索为主，并辅以探测仪器和生物手段，检查的重点部位包括：主席台和贵宾坐席区、贵宾休息室和卫生间、工作间、座椅等。

9. 安检中处置禁带、限带物品的基本方法。

（1）限带物品的处置。限带物品是指法律、法规、规章、技术标准及其他规范性文件规定的有限制条件的携带物品。限带物品具有两种特性：一是有一定的危险性，二是有一定的存在合理性，是工作生活的常用品，有的甚至是必需品。

① 发现非现场必须的工具、利器或其他可用于施暴的物品，应交属地保卫部门控制和处理。

② 发现少量必须的汽油、打火机油、稀料等易燃液体的，应提醒责任人严格控制，防止被他人利用。

③ 对于大量的非必须易燃品，或者硫酸、丙酮等用途不明的化学药品时，如发现可疑的要迅速报告，移交公安机关进行进一步处理。如无可疑的一般应交由属地保卫部门暂时代为保管。

（2）禁带物品的处置。禁带物品是指依照中华人民共和国现行法律法规，公民不得私自制造、销售、购买、使用、储存和运输的物品。

① 在安检过程中如发现疑似枪支、弹药、炸药、火工品等违禁物品，应就地控制、立即报告，由公安机关治安部门前来处理。

② 如发现疑似爆炸装置，应迅速封闭现场、疏散无关人员，控制属地责任人，迅速上报公安机关按照涉爆现场处置规程进行处理。

③ 必要时可对爆炸装置采取应急处置措施。

④ 如在检查过程中发生爆炸或其他重大安全事件，应立即报告情况，同时开展自救互救，条件允许时要尽可能保护现场以便后期调查取证。

第二章　武装守押

1. 保安武装押运的概念及特点。

（1）保安武装押运是指保安从业单位按照服务合同的约定或者单位任务的要求，派出保安员采用持枪、持械等形式，以确保客户单位运输的现金、贵重物品或危险品安全抵达目的地的一种保安服务活动。

（2）保安武装押运的特点有：目标单一，责任重大；引人注目，风险性大；路途多变，易感疲劳；独立性强，易受袭击；工具多样，对象复杂；性质特殊，保密性强。

2. 保安武装押运管理制度。

保安武装押运管理制度有：①请示报告制度。②交接认定制度。③巡视检查制度。④武器和车辆管理制度。⑤保密制度。⑥奖惩制度。

3. 危险品保安武装押运要求。

（1）危险品押运保安员必须经交通部门专业培训，考试合格领取资格证后持证上岗。

（2）必须熟悉所装货物的性质、防护措施和应急救援操作程序。

（3）装货时必须对危险货物进行安全检查，对不符合安全要求的货物严禁装运。

（4）危险货物押运保安员应当对道路货物运输进行全程监管。

（5）在武装押运过程中发生燃烧、爆炸、污染、中毒或被盗、泄漏等事故，押运保安员应当立即向当地公安部门和所在运输企业报告，并采取一切可能的警示和应急措施。

（6）装运易燃易爆化学品的车辆，在货物未卸清或未做安全措施的槽罐车，不得使用明火修理或明火照明。

（7）武装押运保安员应熟练掌握消防器材和堵漏装置；穿戴必要的安全防护用品。

（8）按照危险化学品和易燃易爆品的危险特性，采取必要的安全防护措施，防其渗漏和遗洒。

4. 与危险品运输有关的法律法规有哪些？

（1）联合国相关规定：《关于危险货物运输的建议书》和《国际公路运输危险货物协议》等。

（2）道路危险货物运输的国家标准：《危险货物分类和品名编号》（GB 6944—2005）、《危险货物品名表》（GB 12268—2005）、《危险货物包装标志》（GB 190—90）《危险货物运输保障通用技术条件》（GB 12463—90）、《道路运输危险货物车辆标志》（GB 13392—2005）、《汽车运输液态危险货物常压容器（罐体）通用技术条件》（GB 18564—2001）、《常用危险化学品的分类及标志》（GB 13690—92）等。

（3）道路危险货物运输行业标准：《公路、水路危险货物运输包装基本要求和性能试验》（JT0017—88）、《汽车运输危险货物规则》（JT617—2004）、《汽车运输、装卸危险货物作业规程》（JT618—2004）、《汽车运输企业行业安全管理标准》（JT/T3144—91）、《营运车辆技术等级划分和评定要求》（JT/T198—2004）、《汽车导静电橡胶拖地带》（JT230—95）、《剧毒化学品目录》（公告2003年第2号）等。

5. 举例说明，武装押运物品的交接手续与清点方法。

下面以贵重物品的清点方法与交接程序为例，说明武装押运物品的交接手续与清点方法。

（1）贵重物品押运主要指金银、珠宝、贵重金属和文物等押运活动，其最大的特点是价值高和目标集中。所以，押运贵重物品要做好清点和办理交接手续工作。

（2）贵重物品包装前主要与押运业务员一起对需要包装的贵重物品逐件清点、造册、记清楚贵重物品的名称、数量、价值和完好程度（对原有损伤的要登记在案，以备送达时备查），并由押运业务员在交接清单上亲笔签名认可。

（3）贵重物品包装后的加固与铅封：贵重物品包装后要用木箱或铁桶，并加"♯"字形铁条捆扎和铅封。

（4）贵重物品运抵目的地后的清点、核对与交接：贵重物品顺利运抵目的地后，押运业务员应与接收单位业务员当面按押运清单登记的名称、数量和完好程度一一清点和核对，如无误，由收货单位业务员和押运业务员在交接清单上亲笔签字认可。

6. 车载入侵报警系统的使用环境。

一是室外周围。根据纵深防护体系的要求，在建筑物或园区周边，除了采用实体防护的栏杆以外，主要由红外对射、激光对射、电子红外栏杆、泄露电缆和电子围栏等构成防护体系。当发生非法入侵时发出报警信号，它是保障建筑物、车辆安全及正常运行的第一道屏障。二是室内重点防护区域。在需要重点防护的防护区、禁区，根据防护级别和防护要求，通过设置被动红外、微波入侵报警探测器、玻璃破碎探测器、方向式幕帘红外探测器、振动入侵探测器、微波入侵探测器和紧急按钮等构成的报警系统，来实现防护区、禁区的报警防护。

7. 如何操作车载技防设备进行安全防范？

（1）押运交通工具到达运营网点后，车长发送"卸钞"状态，并通过800兆数字电台向指挥室报台。

(2) 待客户业务员走出网点后，在车组人员的护卫下，车长利用遥控器进行"布防"（布防范围为布防点半径50米内，不可随意移动车辆）。

(3) 交接完毕后，车长"撤防"，下令登车。

(4) 登车后，车长发送"运钞"状态，并通过800兆数字电台向指挥室报台，然后指挥车辆向下一目标行进。

(5) "上钞"的工作流程同"卸钞"的工作流程。

8. 简述武装押运勤务中突发事件的处置程序。

(1) 先期处置。武装押运中发生紧急情况，在立即报警报告的同时，要根据紧急情况的性质和紧急程序，先期进行处置。如遇持枪或持凶器歹徒欲袭击押运保安员实施抢劫，押运保安员应在判明情况的前提下果断还击歹徒，不能等待报告请示，以防贻误战机，遭受损失。

(2) 迅速报警。押运中发生危机保安员及财物安全的紧急情况，押运保安员应立即启动全球卫星定位报警系统或用其他通信工具果断报警，并向保安从业单位或基地指挥中心报告。

(3) 应急响应。当地公安机关及各押运应急部门，在接到报警和报告发生紧急情况后，要立即组织力量，采取紧急措施，赶赴出事地点进行救援、追捕罪犯、抢救伤员等。

(4) 善后处理。紧急情况处置结束后，押运保安员要注意保护好发生紧急事件的现场，保全证据，并向现场目击者收集现场发生的情况信息，提供给公安机关，在公安机关未勘验现场或未勘验完毕前，押运保安员不得擅自撤离现场。

(5) 报告。押运保安员要将紧急情况的处置结果向从业单位报告，保安从业单位要及时向公安机关报告处置结果。

9. 保安武装守护的概念及特点。

(1) 保安武装守护的概念。保安武装守护是指经省、自治区和直辖市人民政府公安机关批准从事武装守护从业单位，依法为保安员配备公务用枪，在军工、金融系统、国家重要仓储等单位提供的守护服务形式。

(2) 保安武装守护的特点。目标固定，部署分散；隶属关系多，不便联系协同，情况复杂，技术性强；安全要求高，责任重大；难以控制，任务繁重。

10. 保安武装守护的任务及要求。

保安武装守护的任务是确保守护目标的安全，防止违法犯罪分子的破坏活动，协助服务单位维护守护区域的秩序，预防和处置可能危害守护目标的事故与灾害。

(1) 确保守护目标的安全，防止违法犯罪分子的破坏活动。保安员在武装守护勤务中，既要防止发生盗窃和抢劫等涉及经济方面的违法犯罪活动，又要防止发生窃密和破坏等刑事案件；既要防止外来人员作案，又要防止守护目标内部人员的不法行为，全面做好各种违法犯罪活动的预防工作，保障守护目标的安全。

(2) 协助客户单位维护守护区域的秩序。守护目标区域内的正常秩序，是守护目标安全的基本保障，也是客户单位顺利进行生产、科研和工作的重要条件。武装守护保安员应当及时发现和协助服务单位妥善处置守护目标区域内的各种扰乱、妨碍和影响正常秩序的不良行为，包括单位职工对问题处理不满的过激行为和单位内的群体性事件等。

(3) 预防和处置可能危害守护目标安全的灾害事故。武装守护的一些重点单位，往往存有爆炸性、易燃性、放射性、腐蚀性等危险物品和传染性菌种、毒种以及武器弹药。对此，如果安全管理缺失，就会引发火灾、爆炸和放射性等治安灾害事故，危及服务目标甚至社会的安全。因此，武装守护保安员应当落实各项预防事故的措施，坚持"人防"与"技防"相结合，及时发现、消除事故隐患或不安全因素。如果一旦发生治安灾害事故，保安武装守护保安员应当按照紧急预案的要求，积极应对，协助客户单位处理灾害事故，以减少其危害。

11. 保安武装守护对象警戒的操作步骤。

(1) 严格检查进出守护区域人员、车辆的有关证件、手续以及所携带物品等。

(2) 指挥、疏导出入目标部位的车辆，清理无关人员。

(3) 按照规定的要求进行巡回检查：一是要按照指定的路线进行；二是要按规定的频率进行。

(4) 努力发现并消除治安隐患。

12. 举例说明，保安武装守护中常见安全隐患的检查和排除方法。

以火灾、爆炸安全隐患排除为例，说明其检查和排除方法。

(1) 报告。守护保安员应立即报告客户单位和本单位的相关领导。

(2) 制止。坚决制止违规现象并督促及时整改，对劝阻不听的，立即报告客户单位予以解决。

(3) 现场勘察。组织人员着防护用具，在守护区域内进行检查消除安全隐患，并保证通讯畅通。

(4) 做好准备。发现异常情况，要组织人员做好灭火和报警准备。

(5) 加强警戒。要防止一旦出现火灾、爆炸，犯罪分子乘虚而入。

13. 保安武装守护中突发事件的处置原则。

(1) 依法处置，安全第一

无论处理什么样的紧急情况，保安守护人员应当坚持依法办事，即使对行凶歹徒实施的正当防卫，也应当纳入法制轨道。在歹徒停止暴力犯罪后，不得故意伤害其人身安全，抓获的违法犯罪人员，不得私自关押、审讯和处理，应当扭送或者报告公安机关依法惩处。

处理突发事件应以不造成新的损失为前提，不能因急于处理而不顾后果，造成更大的且不必要的人身、财产损失，守护保安员应当尽力维护守护目标的安全，同时注意自我保护，避免不必要的伤亡。尤其是在明显处于劣势的情形下，应当"智斗"歹徒，制止其不法行为，切不可盲目行事。即使在奋不顾身勇斗凶手时，也应当用好防卫器具，减少自身受到的不法伤害。

(2) 抢救生命，减少损失

紧急情况发生时，如果现场有人受伤，守护保安员应当首先全力救助伤者，抢救生命为首要任务。这不仅是因为生命的无价，还因为救助了现场的当事者，有利于迅速查清事实真相，依法进行处理。

遇到紧急情况，损失是难以避免的，但是，本着对客户负责的原则，守护保安员应当尽可能地努力减少损失，把紧急情况处置中的人员伤亡和经济损失降到最低限度。这既是对客户的负责，也是维护保安公司的形象、信誉和利益。

(3) 统一指挥，服从命令

突发事件发生后应由一名管理人员（一般以当值最高级别的管理人员为佳）做好统一的现场指挥，安排调度，以免出现"多头领导"，造成混乱。

当事工作人员应无条件服从现场指挥人员的命令，按要求采取相应的应急措施。

（4）主动出击，灵活处理

突发事件发生时，守护保安员不能以消极和推托甚至是回避的态度来对待，这无疑是在"雪上加霜"，这也必将为自己"不作为"而付出代价。故此时应主动出击，直面矛盾，及时处理，敢于承担相应责任。

对待突发事件，应具体问题具体分析。即使已有预案规定，但因具体情况发生变化，应摆脱预案束缚，及时做出相应的调整。

14. 举例说明，保安武装守护中突发情况的处置方法。

以武装守护中盗窃目标部位财物为例，说明其处置方法。

（1）歹徒正在实施盗窃作案时，守护保安员应当立即制止，将其扭送到公安机关惩处（途中应当防止歹徒逃跑和行凶），或将歹徒控制在室内，报警处理。

（2）歹徒盗窃作案后正在逃离现场，流动岗保安员应当立即追捕。必要时，应当及时通知门卫并号召附近的群众围堵歹徒。如果未能抓获歹徒，应当马上报警，并提供歹徒的体貌特征，协助破案，同时保护好案件现场。

（3）发现目标部位的财物已被盗走时，守护保安员应当立即报警，并且保护好现场，禁止无关人员入内。同时，加强出入口的控制，注意发现作案可疑人员和可疑物品。

15. 简述保安武装守护中突发事件处置操作步骤。

（1）及时报告。在发生突发事件时，立即向有关部门报告现场情况，请求支援，并封锁现场，做好警戒。

（2）组织处置。在遭遇自然灾害时，要根据突发事件的相关预案进行处理；情势较大无法处理的，应立即报警；在特殊情况下，为了确保守护物品的安全，做好警戒，进行转移，并做好善后处理。

（3）保护现场。在发生突发事件时，在报警和制止的同时，要提示现场人员做好现场和有关痕迹、物证的收集。

（4）信息收集与研判。在紧急情况得到控制后，要向目击人员了解紧急情况发生的原因、过程，并分析研判。

（5）准确汇报。在有关部门或者其他相关人员到达现场后，要将发生的紧急情况如实、准确地向有关人员报告，并将收集到的情况和现场痕迹、物证送交有关部门。

第三章　随身护卫

1. 随身护卫的概念。

随身护卫是指按照国家的法律规定，以某人的身体、财物或其他特定目标为护卫对象，运用身体技能、技术防范和物质防范，保护其不受外来因素侵害的服务行为。

2. 随身护卫具有哪些性质和特点？

（1）随身护卫的性质。在商务活动中，随身护卫本身不属于政府行为，但大多活动又关系到政务、外交、经济、文化、宗教等方面的事务。因此，商务活动随身护卫工作必须要在法律允许范围内进行，不能损害党、国家、政府和社会的利益，这是随身护卫行业的一条基本准则,绝对不准违反。否则,随身护卫工作性质就可能演变为抵触国家法律或成为黑恶势力的帮凶。

因此,随身护卫工作的性质可理解为:依照我国宪法和法律,由具有行业资质人员履行护卫协议中所规定的责任义务,在法律允许的范围内实施的,确保护卫对象人身和财产安全的一种保安服务行为。

(2) 随身护卫的特点

① 随身护卫的复杂性。在商务随身护卫服务中,其复杂性主要体现在:勤务任务的社会背景复杂、接触对象复杂、活动场所复杂、安全风险因素不确定,活动日程随意性较大,出现问题的责任和影响比较重大等方面。

② 随身护卫的职业性。在商务随身护卫服务中,由于随卫人员没有执法权,经常单兵作战,缺乏精良装备,缺乏后援保障,有时候会遇到不公正待遇和误解、委屈等情况,因此,需要在工作中体现出较强的职业素养和职业性要求。

3. 随身护卫对象的范围。

随身护卫对象的范围有:社会名流、文体明星、富商巨贾、证人和其他。

4. 简述随身护卫任务相关信息采集程序。

(1) 收集护卫对象的有关信息,填写护卫对象个人情况调查表。
(2) 对相关人员进行调查,填写相关人员基本情况调查表。
(3) 收集护卫工作环境信息,填写随身护卫环境信息调查套表。

5. 随身护卫勤务中常见安全隐患分哪几种类型?

随身护卫常见的安全隐患主要包括:暴力袭击、非暴力行为、意外事故、自然灾害以及疾病等类型。

6. 为较好完成随身护卫勤务,随身护卫要遵循哪些规范制度?

随身护卫要遵循6种规范制度:①评估设计制度;②沟通报告制度;③检查监督制度;④保密制度;⑤奖惩制度;⑥装备管理制度。

7. 随身护卫现场处置需具备哪几项技能?

需具备单人控制、二对一被动抓控、使用伸缩警棍、徒手控制术四项技能。

8. 随身护卫针对非暴力行为应如何进行处置?

在随身护卫勤务执行过程中,一旦发生非暴力行为妨碍随卫任务的执行时,应参照下面的方法适时进行处置。

首先应该采用语言进行提醒和制止。如果语言制止无效,可以视情况采取防卫动作,避免或制止非暴力行为妨碍勤务的完成。

在处置非暴力行为对勤务任务的妨碍过程中,随卫人员要细心观察,密切注意现场情况的变化。随着事态的升级,非暴力妨碍行为有可能上升为暴力袭击,随卫人员则应按照武力分级的原则,采取适当方法进行处置。

9. 随身护卫勤务任务总结一般包括哪几部分内容?

随身护卫勤务任务总结一般包括两个部分。

(1) 信息反馈。在随身护卫任务结束后,获取相关信息反馈是非常必要的。通过获取内部与外部的信息反馈,为不断改进工作,提高工作效果,提供有效、客观依据。

① 内部信息反馈。内部信息反馈主要通过随身护卫勤务的参与人员获得。由于这些人员都亲自参与了勤务的执行，有切身的感受，对勤务执行过程存在问题的环节都比较清楚，从他们那里可以获得一手资料。

② 外部信息反馈。外部信息的反馈主要从客户那里获得。随身护卫勤务尽管具有其特殊性，但也是一种保安服务项目，其目的也是为客户提供安全服务。因此，客户的满意度是衡量随身护卫勤务效果的重要标准之一。在随身护卫勤务执行过程中或结束后，应该及时获得客户对勤务效果的反馈。

(2) 相关资料归档保存。

① 存档资料的内容。需要进行存档的资料包括：风险评估登记表、信息采集表、随身护卫勤务执行方案、事故报告、勤务记录、任务总结报告、总结会议记录、客户满意度调查记录等内容。

② 归档系统。资料的归档有很多不同的形式。在保安行业最常见的资料归档形式是按照项目的时间顺序归档，把与该项目有关的资料放在一起，这会给后期文档的查询带来很大的便利。归档的资料要以正确的方式加以维护，由于归档的资料中涉及客户的资料、勤务执行的具体措施等一些敏感信息，因此要设定严格的归档资料查询制度，只有经过授权的人员才能查询相关的资料，并且在查询完后要及时归还原处。不按照归档系统要求进行归档管理容易导致关键信息的丢失、外泄，带来负面的影响。

③ 归档方式。归档资料可以用纸质文件或电子文件的方式存储。纸质文件可以通过扫描的方式转化成电子文件形式进行保存。电子版文件也可以通过打印的方式以纸质形式进行保存。电子存储方式由于其存储量大、易于保存、易于携带、易于查询、可以通过网络异地调取等优点，正在被越来越多的保安从业单位采用。但是在采用电子存储方式时，要注意防止电脑病毒的侵害，要使用专门的计算机进行储存，严格管理电子资料的拷贝，禁止私自将电子资料外泄。

10. 可以通过哪些方法获得内、外部的信息反馈？

(1) 获取内部信息反馈。对于规模较小、参与人员较少的勤务，可以采取一对一的方式与参与人员进行面谈，这一方式可以使交谈双方拉近心理的距离。参与者还可以一起进行座谈，这种方式可以帮助大家减少拘束感。还可以采取讨论的方式，尤其是针对勤务执行过程中存在的不足，提出各自的改进意见，进行探讨，通过头脑风暴的方式，充分发挥众人的智慧。对于规模较大、参与人员较多的勤务，可以采取召开总结会的形式获取信息反馈。每个参与者可以先对本次任务情况进行总结，总结可以采用 STAR 模式进行。STAR 模式即是 Situation 情形、Task 任务、Action 行动、Results 结果等四个词首字母的缩写。通过 STAR 模式，用清楚准确的语言叙述任务的整体情况。整个会议期间，要安排专门人员进行会议记录，并存档。

(2) 获取外部信息反馈。

① 直接观察。这一方法是在勤务执行过程中，通过观察直接获得客户对勤务执行效果的反应。客户在勤务执行过程中，往往会流露出对此次勤务执行效果的真实感受，例如客户的面部表情、肢体动作、语言等，随身护卫人员要注意观察客户的这些信息，如有必要，则需适当调整勤务执行方案，尽量让客户满意。

② 沟通。沟通是获取客户信息反馈常用的一种方法。通过与客户面对面的交谈，可以获取大量的信息，包括客户对此次勤务的整体评价，对勤务执行中一些细节问题的看法，对

改进勤务方案的建议等。在沟通时，要认真倾听，做好记录。

③ 其他方法。还可以根据情况，采用电话沟通、电子邮件反馈、问卷调查等方法获取客户的反馈信息。

11. 随身护卫武力分级的原则是什么？

随卫人员的武力使用既可以借鉴警察的方法，又不能完全照搬。"徒手控制术"更加强调"精细管理，分级使用"，即把风险分为高、中、低三级，不同的风险级别运用不同的技法、击打和控制人体的不同部位，同时"徒手控制术"也不限于只是使用双手，还有使用安保器材（比如警棍）制服对方的用法和技术，这样既合理、又有效，既安全、又管用。低级用口头或眼神制止，中级用徒手控制制止，高级用安保器材制止。

12. 随身护卫徒手控制的理念及原则是什么？

徒手控制术是结合中华传统武术精华及现代搏击理论研究成果，通过丰富的实战和教学经验总结提炼研创出的一套完全适用于军警执法人员、安保人员和普通大众的实战教学体系。该体系立足实战，以"徒手控制、制服对手"为主要目的，兼具技击对抗、防身健体、控制犯罪三重功效。自成一派，易学易用，拓展性大，实用性强，适用性广。徒手控制术是"没有对抗、没有暴力、制止犯罪、不战而胜。"

13. 随身护卫勤务中，警棍的使用原则是什么？

① 对方的暴力威胁是否构成使用警棍的防卫等级；

② 使用警棍时要根据对方的暴力程度逐级递进地选择防卫方法，即：一闪、二挡、三截击、四攻击、五控制；

③ 使用警棍防卫时，要避免多次击打，以免导致对抗升级；

④ 目的达到后，警棍击打要立即停止；

⑤ 防卫后应实施控制。

第四章　安全技术防范

1. 简述安全技术防范系统集成管理平台的基本功能。

安全技术防范系统集成管理平台基本功能有：①用户权限管理；②日志管理功能；③相关子系统间联动；④视频监控系统的监控管理；⑤出入口监控管理；⑥防盗报警监控管理；⑦电子巡更监控管理；⑧预案维护管理；⑨各类信息与报警事件统计管理。

2. 简述安全技术防范系统信息存储调阅设备操作规范。

对于系统信息的存储备份，操作员须根据要求做好系统信息的存储备份工作。如发现可疑的信息时间，须及时做好信息的备份，不得擅自修改、删除周期内系统信息的原始记录。对于信息的调阅，应严格按照相关规定做好保密工作，按规范周期性记录重要系统信息。

安防系统信息存储及调阅是安防系统安全的保障。系统信息记录着运行期间的状态，通过信息可以及时观察到系统的异常，保证系统的稳定。安防平台中对系统信息有着详细的记录，也对报警、故障等重要信息明确分类。信息存储与调阅保证了安防平台的稳定，并能对出现的故障做出及时的提示。

3. 简述安全技术防范系统信息存储调阅设备操作管理要求。

系统信息主要记录系统布防、撤防、报警、故障等信息，是安防平台稳定的保证。所以要求操作员定期检查系统信息，对出现的问题做好记录，及时汇报给维护人员。做完问题记录，需要周期性对记录进行整理、归档并汇报。如同一问题在短时间内多次出现，应及时让维护人员尽快解决问题，保证系统稳定性。

对于信息的调阅，做好信息调阅规范的同时，也要做好登记制度。要求按照调阅人员、单位身份、调阅时间、调阅用途等事项进行登记，如需要调用涉及私密关键的信息，必须征得相关领导的同意。最后，应对记录的登记表进行备份留档。

4. 简述系统视频、音频及报警信息进行提取、调阅、存储操作的主要工作程序。

主要工作程序是：①实时查看与查询回放操作；②告警（报警）信息的提取与调阅操作；③存储设置操作。

5. 简述报警系统产生误报的主要原因。

主要原因是：①系统设计不当引起的误报；②施工不当引起的误报；③环境噪扰引起的误报；④用户使用不当引起的误报。

6. 安防系统集成监控平台中有几种常见的报警类型。

① 未按计划录像：在配置了录像计划的情况下由于摄像机离线或硬盘损坏等原因造成无法录像时，系统就会触发"未按计划录像"报警。

② 视频丢失报警：在实况中由于摄像机离线或获取不到电流等原因下造成的实况中断就会触发此告警信息。

③ 运动检测报警：有动态物体进入摄像机设定的运动检测区域进行持续运动时会触发IPC运动检测报警，然后上报给平台显示。

④ 遮挡检测报警：对摄像机镜头进行一段时间的遮挡会触发IPC遮挡检测报警，然后上报给平台显示。

⑤ 存储即满报警：分配给摄像机的存储容量即将不足时，系统会触发此报警信息。

⑥ 设备上线/设备下线：当注册在平台上的摄像机、编码器、解码器等设备出现离线/离线后上线等情况时，系统会触发此报警信息。

7. 报警信息初步研判中的要求及注意事项。

为了保证报警的有效性，需要注意以下几点：

① 确定前端报警源的正常，即一旦触发会向安防平台回传报警信息；

② 开关量报警需要确认触发方式（高电平/低电平）；

③ 在告警自定义中按照需求，配置对应的告警级别等信息。

8. 安全技术防范系统设备常见故障分类。

安防系统设备常见故障分类有：① 电源的不正确引发的设备故障；② 由于线路引发的设备故障；③ 设备或部件本身的质量问题；④ 设备（或部件）与设备（或部件）之间的连接不正确产生的问题。

9. 安防系统维修中常用的维修工具有哪些？

日常维护常使用的工具包括：克丝钳、尖头钳、各种旋具、电工刀等；如在夜间维护出常用工具外还需要手电筒、应急灯等照明设备；根据不同场合维护的需要，可能用到手电钻等常用电动工具；清洁镜头时要用小毛刷、吹气球等工具；清洁摄像机防护罩、报警探测器时要用脱脂棉或棉纱；维护显示器、监视器时，根据各显示器厂家提出的要求准备专用的清洁剂。

10. 安全技术防范系统出现突发事件或故障时的应急处置方法和要求。

制订维护计划时要考虑应急预案，有突发的入侵事件发生时应有对突发情况的处置方案；在可预测的气候灾情发生前安排维护人员，应对突发情况，一旦出现突发灾情要及时进行处置。

（1）恶劣的气候条件易使许多安装在室外的前端设备发生故障，如大风、暴雨、暴雪、雷击、地震等恶劣气候条件的变化，造成架空线缆的损坏，地埋线缆的接头浸水等都会使系统发生故障，甚至会造成系统瘫痪。因此，除日常进行定期巡检外，在大风、雷雨、暴雪后应及时对前端配备、传输设备进行检查和维护。

（2）前端设备被人为破坏或摄像机监控方位被移动、入侵报警探测器的探测方位被改变等，都会引发系统突然故障，遇到此类特殊情况需随时检查维护。

（3）传输系统易造成意外损坏，如重型车辆碾压造成地埋线缆的损伤，道路维修、绿化带改造可能殃及地埋线缆，架空电缆、光缆被车辆剐蹭而损坏，需及时到达现场处置。

参 考 文 献

[1] 公安部.保安服务操作规程与质量控制(GA/T594—2006).北京:行业标准,2006.
[2] 邱煜.中级保安员职业技能培训教程.北京:群众出版社,2015.
[3] 陈建武,匡爱明.中级保安员职业资格培训教程.北京:中国人民公安大学出版社,2010.
[4] 王佳.保安押运教程.北京:电子工业出版社,2009.
[5] 董春利.安全防范工程技术.北京:中国电力出版社,2009.
[6] 陈晴,邓忠伟.现代安防技术设计与实施.北京:电子工业出版社,2015.
[7] 雷玉堂.安防视频监控实用技术.北京:电子工业出版社,2012.
[8] 李仲男.安全防范技术原理与工程实践.北京:兵器工业出版社,2007.
[9] 张亮.现代安全防范技术与应用.北京:电子工业出版社,2010.
[10] 石兴源,房彦慧.新编保安培训教程.北京:中国人民公安大学出版社,2009.
[11] 王庆喜.保安简明教程.北京:北京振远护卫职业技能培训学校,2009.
[12] 公安部治安管理局.国家保安员资格考试培训教材.北京:中国劳动社会保障出版社,2010.
[13] 杨春,袁敏琴.随身护卫实务.北京:高等教育出版社,2013.